TENDENCIAS DE INVESTIGACIÓN EN COMUNICACIÓN

Tendencias de investigación en comunicación

Coordinadora

Marta Pulido Polo

Autores

Clara Sanz Hernando

José Ignacio Domínguez Madero

Anselmo Lucio

Ana Sedeño Valdellós

Isabel Garnelo Díez

Janneth Arley Palacios Chavarro

Patricia Lora León

Marta Pulido Polo

Sevilla

2017

TENDENCIAS DE INVESTIGACIÓN EN COMUNICACIÓN
Edita: Egregius Ediciones
www.egregius.es

Coordinadora:

-   Marta Pulido Polo

Autores:

-   Clara Sanz Hernando
-   José Ignacio Domínguez Madero
-   Anselmo Lucio
-   Ana Sedeño Valdellós
-   Isabel Garnelo Díez
-   Janneth Arley Palacios Chavarro
-   Patricia Lora León
-   Marta Pulido Polo

Maquetación y diseño: Francisco Anaya Benitez

ISBN - 978-84-946978-7-6

ÍNDICE

INTRODUCCIÓN A LAS TENDENCIAS DE INVESTIGACIÓN EN COMUNICACIÓN

En pleno siglo XXI, inmersos en una auténtica revolución tecnológica, la investigación científica sigue siendo el auténtico motor que empuja el avance del conocimiento del ser humano y las sociedades en las que convive. Del mismo modo, en plena sociedad del conocimiento, y a pesar del descenso de financiación dedicado a la investigación a todos los nive-les en los últimos años, el intercambio de conocimiento se convierte en el eje sobre el que pivota el futuro de nuestra sociedad. No podemos olvidar que la investigación científica surge de la necesidad de "descubrir, conocer y comprender mejor una porción del mundo real" (Krippendorff, 1990).

Sin investigadores y sin intercambio de experiencias no hay avance so-cial. Tal y como afirma Castillo (2011: 1003):

> "Los investigadores desempeñan un papel esencial en las sociedades contemporáneas para la generación y transmisión del conocimiento. Desde esta perspectiva, la ciencia se ha ido acomodando como una actividad en la que se produce un conocimiento interpares de los avances realizados en las investigaciones. Ese conocimiento se basa en la posibilidad de que toda la investigación pueda ser conocida, estudiada y refutada por los científicos por lo que es esencial que se disponga de acceso a las líneas de estudio, a los propios estudios y a las metodologías utilizadas en la investigación".

Desde un punto de vista científico, por tanto, el rol de los investigadores es avanzar en el conocimiento a través de la formulación y el análisis de problemas específicos que forman parte de la realidad que les circunscri-be y sobre los que puedan investigar a través de la aplicación de proce-dimientos científicos. Estos problemas investigables deben cumplir, consecuentemente, dos requisitos: en primer lugar, han de resultar lo suficientemente claros como para poder definirlos de forma exacta; y, en segundo lugar, deben poder ser analizados por medio de la observación directa o mediante otras técnicas de investigación y ser susceptibles a la realización de tales operaciones o actividades (Selltiz, Wrightsman y Cook, 1980: 85-87, 252).

En el ámbito específico de la comunicación, las tendencias de investiga-ción se vertebran, fundamentalmente, en torno a tres áreas de conoci-miento principales: la comunicación audiovisual, la publicidad y las rela-ciones públicas y el periodismo. En este sentido, el estudio realizado por Castillo y Carretón en el ámbito de las revistas científicas (2010: 312-313) permite dibujar una radiografía del sector que refleja fielmente las ten-dencias de investigación en comunicación en nuestro país. Por ejemplo, en relación a las temáticas, este estudio evidencia que las principales temáticas tratadas en las investigaciones en comunicación son:

- Periodismo (con un 22,3 % de los trabajos)

- Responsabilidad social en los medios (16,4 %)

- Televisión (13,7 %)

- Publicidad (9 %)

- Publicidad, internet y nuevas tecnologías (8,2 %)

- Relaciones públicas (7,4 %)

- Espacio Europeo de Educación y grado en periodismo (5,9 %)

- Comunicación política y propaganda (5,1 %)

- Cine (3,9 %)

Asimismo, cruzando las variables temática y organismo de adscripción de sus autores, este estudio evidencia temáticas predominantes en uni-versidades y otras instituciones, entre los que destacan los siguientes datos de interés que nos ayudan a comprender las actuales tendencias de investiga-ción en comunicación:

- Entre las instituciones no universitarias predominan mayorita-riamente los temas ligados al periodismo, seguidos de internet y las nuevas tecnologías y responsabilidad social en los medios.

- Entre las universidades, las temáticas predominantes de sus in-vestigaciones varían según las universidades analizadas se-gún la tabla que se confecciona a continuación.

UNIVERSIDAD	TEMÁTICAS PREDOMINANTES EN ORDEN DE PRIORIDAD
Universidad Autónoma de Barcelona (UAB)	Periodismo
	Televisión
	Grado en periodismo
	Responsabilidad social en los medios
Universidad del País Vasco (UPV)	Televisión
	Cine
Universidad Complutense de Madrid (UCM)	Periodismo y responsabilidad social en los Medios
	Televisión
	Internet y las nuevas tecnologías
Universidad de La Laguna (ULL)	Periodismo
	Publicidad
Universidad de Málaga (UMA)	Varios temas sin destacar ninguno en concreto: publicidad,
	asociaciones, periodismo, radio, grado en periodismo y responsabilidad en los medios
Universidad de Navarra (UNAV)	Publicidad
Universidad de Alicante (UAL)	Publicidad
Universidad de Sevilla (US)	*Periodismo*
	Responsabilidad social en los medios
Universidad Pompeu Fabra (UPF)	*Periodismo*
	Relaciones públicas
Universidad Rey Juan Carlos (URJC)	*Comunicación política y propaganda*
	Publicidad
Universidad Ramón Llull (URL)	*Periodismo*
	Relaciones públicas

Fuente: elaboración propia según el estudio de Castillo y Carretón (2010: 312-313).

Del mismo modo, resultan interesantes los datos arrojados por el análi-sis bibliométrico realizado por Castillo, Rubio y Almansa (2012) que nos ayu-dan a completar el panorama de las tendencias de investigación en comunicación. Los datos más significativos de este estudio se concentran en torno a los siguientes puntos:

- Artículos por número:
  - media de 7,5 publicaciones por número
  - excepción marcada por Cyberpsychology & Behaviour con una media de 26
- Extensión:
  - media de 20 páginas
- Autoría:
  - Creciente grado de colaboración entre autores
  - Mayoría de artículos: más de dos autores
  - Predomina la autoría masculina frente a la femenina
  - Adscripción:
    - predominio absoluto del sector académico-universitario
    - Colaboración interinstitucional
- Metodología:
  - Heterogeneidad: ausencia de un modelo común
  - Predominan métodos analítico-descriptivos, expositivos y estados de la cuestión
- Temática: exceptuando el dominio de la temática psicológica derivados del número de artículos de Cyberpsychology & Beha-viour las áreas temáticas predominantes claras son:
  - Internet y Globalización
  - Comunicación Social
  - Relaciones Públicas y Publicidad
  - Tecnología de Entretenimiento y la Realidad Virtual
  - Medios de Comunicación y Periodismo
  - Comunicación Audiovisual
  - Comunicación Política y Recepción

Precisamente, este texto, supone un singular compendio ecléptico que evidencia estas tendencias de investigación en comunicación a la par que las analiza desde los diversos ámbitos que la realidad de la comunicación pone al alcance de los investigadores: periodismo, comunicación audio-visual, social media, arte y comunicación, comunicación y relaciones pú-blicas.

En este sentido, a través de este libro, Sanz Hernando nos acerca al desarrollo de la prensa en el período español que transita entre la dictadura y el advenimiento democrático a través de un análisis historiográfico reali-zado desde la perspectiva del periodismo. Domínguez Madero introduce la investigación en comunicación audiovisual a través del análisis de las nuevas formas alternativas de aprendizaje que se han generado, gracias a las nuevas tecnologías derivadas de Internet, en torno al estudio del guión como herramienta audiovisual. En su capítulo, Lucio Saiz propor-ciona las claves para entender aquellos nuevos enfoques de investigación que surgen a partir del concepto de credibilidad aplicada a la informa-ción que se genera tanto en las redes como en los medios sociales y que se han consolidando en los últimos tiempos no solo como fuentes de da-tos, sino también como objetos de investigación científica en el ámbito de la comunicación. Sedeño Valdellós y Garnelo Díez ofrecen una singu-lar perspectiva metodológica, a consolidar como tendencia de investiga-ción en comunicación, a través de la cual se realiza una aproximación alternativa orientada a la construcción de un modelo de metodología artística aplicada a las diversas disciplinas que ofrece la comunicación entendida desde la visión holística que favorece su transdisciplinarei-dad. Precisamente, la inter y transdisciplinareidad de la comunicación como disciplina, explica la apasionante perspectiva que, a cerca de los conceptos viajeros en comunicación, proponen Palacios Chavarro y Lora León, conceptos que se nutren, crecen y se retroalimentan viajando entre los diversos ámbitos que conforman el fenómeno de la comunicación. Y finalmente, el capítulo de Pulido Polo que defiende una investigación científica de calidad aplicada al área de las relaciones públicas a través del diseño y la propuesta de un modelo metodológico eficaz, adaptado a las necesidades relacionistas y sustentado en las ventajas derivadas del concepto de triangulación.

REFERENCIAS

- CASTILLO, A. (2012). "Investigación e investigadores. Las re-vistas científicas como instrumento de comunicación". Vivat Academia. Año XIV, Nº Especial, 1002 -1017

- CASTILLO, A. y CARRETÓN C. (2010). "Investigación en Co-municación. Estudio bibliométrico de las Revistas de Comuni-cación en España". Comunicación y Sociedad, Vol. XXIII, No. 2, 289-327.

- GONZÁLEZ RÍO, M.J. (1997). Metodología de la investigación social. Técnicas de recolección de datos. Madrid: Aguaclara

- GRUNIG, J.E. y HUNT, T. (2000). Dirección de relaciones públicas. Barcelona: Gestión 2000

- HABERMAS, J. (1996). La lógica de las Ciencias Sociales. Madrid: Tecnos

- KRIPPENDORFF, K. (1990). Metodología del análisis de contenido. Teoría y práctica. Barcelona: Paidós Comunicación

- SELLTIZ, C., WRIGHTSMAN, L. S., COOK, S. W. (1980). Métodos de investigación en las relaciones sociales. Madrid: Ediciones Rialp.

- PÉREZ SERRANO, G. (2004). Investigación cualitativa. Retos e interrogantes. Madrid: Editorial La Muralla.

- PÉREZ SERRANO, G. (2007). Modelos de investigación cualitativa en educación social y animación sociocultural. Aplicaciones prácticas. Madrid: Narcea

- SELLTIZ, C., WRIGHTSMAN, L.S. y COOK, S.W. (1980). Métodos de investigación en las relaciones sociales. Madrid: Ediciones Rialp.

- CASTILLO, A., RUBIO, A. y ALMANSA, A. (2012). "La investi-gación en Comunicación. Análisis bibliométrico de las revistas de mayor impacto del ISI". Revista Latina de Comunicación So-cial, No. 067, 248-270.

Marta Pulido Polo

LA PRENSA EN EL FRANQUISMO. DESARROLLO Y EVOLUCIÓN HISTORIOGRÁFICADESDE LA DICTADURA A LA DEMOCRACIA

Clara Sanz Hernando

El trabajo analiza el estado de la cuestión de la prensa que se configuró durante el franquismo y apunta los derroteros por los que avanzan las nuevas contribuciones que se producen al respecto. El objetivo es dar a conocer las principales aportaciones, los temas de interés, las fuentes y los métodos empleados. En las obras seleccionadas, se diferencian las publicadas durante la dictadura de las editadas en la democracia; se distinguen las generales de las monográficas, y se presenta la evolución en los enfoques y fuentes empleados. El trabajo concluye que el interés por esta cuestión despegócon la llegada de la democracia, y especialmente en los noventa. A partir del año 2000 se produjo una eclosión de destacadas monografías, sobre todo las relativas a diarios locales y regionales, que constituye la nueva tendencia por donde avanzan estas investigaciones.

1. Introducción.

El interés por lo sucedido en la dictadura franquista (1939-1975) nunca ha contado con tanto predicamento como en la actualidad. En los últimos tiempos se ha producido un salto cualitativo en las publicacionesque abordan desde diferentes perspectivas acontecimientos ligados a estos cuarenta años de privación de libertades. Lo mismo ha ocurrido en lo concerniente a los medios de comunicación, y en particular a la prensa. Este artículo se propone dar a conocer las múltiples aportaciones sobre cómo se configuróla prensa durante el periodo franquista, que evolucionará desde el férreo control impuesto por la Ley de Prensa de 1938 a la tímida apertura informativa que conllevaría la Ley de Prensa e Imprenta de 1966 (LPI).

Interesa ver cuándo y quiénes produjeron los primeros trabajos al respecto y en qué momento vieron la luz los más sobresalientes; cuáles han sido los temas que más han preocupado a los investigadores, y qué metodología y fuentes han empleado para la elaboración de sus trabajos.

Con el fin de lograr una exposición lo más clara posible, diferenciaremos las primeras aportaciones durante la dictadura; los estudios pioneros que se realizaron en democracia; las obras generales y monográficas, y la historiografía local y regional. Finalizaremos con unapartado dedicado a las principales metodologías y fuentes utilizadas, así como otro donde se recogerán las conclusiones.

2. Las primeras aportaciones sobre la prensa durante la dictadura

La etapa del franquismo no alentó las publicaciones sobre los medios de comunicación. Nos encontramos en un contexto de represión cultural y censura poco favorable para la producción investigadora. Será con la muerte del general Franco, y la llegada de la democracia, cuando se produzca un aumento de obras que se interesarán por el *modus operandi* de la prensa, la radio y la televisión.

Un personaje clave, y uno de los primeros en mostrar un apasionado interés por los medios de comunicación durante el franquismo, fue el periodista y primer catedrático de Historia del Periodismo Español, en la Facultad de Ciencias de la Información de la Universidad Complutense de Madrid, José Altabella (Núñez et al., 1997). Sus publicaciones sobre el estudio y evolución de diferentes revistas y periódicos fueron una constante en su vida. Tenía una confianza plena en la prensa local, que experimentó (Altabella, 1966: 92-93) un resurgir en el siglo XX gracias a grupos editores como los Godó, con *La Vanguardia*, y los Peris Mencheta, con el *Noticiario Universal*; en Valencia, los Llorente, con *Las Provincias*, y los Castell, con *El Mercantil Valenciano*; en Zaragoza, los Montestruc y los Motos, con *Heraldo de Aragón*; en La Coruña, los Fernández Latorre, con *La Voz de Galicia*; en Vigo, los Lema, con *El Faro de Vigo*, y en Valladolid, los Alba y los Silió, con *El Norte de Castilla*.

Si Altabella destacó por sus inabarcables conocimientos sobre Historia del Periodismo, la figura de Gonzalo Dueñas (1969), Ángel Fernández Santos[1] en realidad, ha dejado también su huella. Este crítico de cine español, guionista y ensayista, analiza la Ley de Prensa de 1966 tres años después de su entrada en vigor. Su certera visión con tan escaso margen de aplicación de la ley es su principal aportación, el punto de partida que han utilizado después muchos autores para reiterar que la nueva situación creada de "libertad condicionada", tenía como principal característica "la cautela" (Dueñas, 1969: 63). Y es que una cosa era el texto de la ley donde se reconocía la libertad de expresión, inmediatamente limitada a través delartículo 2, y otra el conjunto de disposiciones aprobadas posteriormente que pretendían atenazarla aún más (Dueñas, 1969: 117).

---

[1]Altabella (1981: 160) confesaba, 12 años después de la publicación de Gonzalo Dueñas, que esta obra fue la réplica desde el exilio a la Ley de Prensa de 1966 y que no le había sido posible averiguar el verdadero nombre que se ocultaba tras el seudónimo, "por más interés" que puso en conseguirlo.

Otro de los autores clásicos a la hora de explicar la normativa legal que afectaba a la prensa durante estos años es Manuel Fernández Areal (1971a, 1971b). En sus obras dedicadas a las dos leyes de Prensaque se dan en la dictadura de Franco, la de 1938 -dictada por el ministrode la Gobernación,Ramón Serrano Suñer- y la de 1966 -aprobada siendo titular del Ministerio de Información y TurismoManuel Fraga Iribarne-, llega a la conclusión de que la libertad de información no queda suficientemente garantizada por la publicación de una ley de prensa si el resto de la legislación no está en consonancia con la libertad responsable que se trataba de implantar.

En un repaso sobre la legislación española en materia de prensa y la ideología que está detrás de cada una de las leyes que la regularon (Ley de Imprenta de 1879, Ley de Imprenta de 1883, Ley de Prensa de 1938 y Ley de Prensa e Imprenta de 1966), considera que tras un liberalismo moderado español o "centrismo" lo que subyace siempre es una restricción con respecto a la libertad de expresión (Fernández Areal, 1973).

César Molinero aborda la libertad de información una vez aprobada la Ley Fraga. Con respecto a lo ya aportado por Fernández Areal, la novedad que presenta Molinero (1971: 250-258) radica en la visión jurídica que ofrece de las formas que se reserva el Estado para intervenir en la prensa, y que no se refieren solo a las leyes que la regulan, sino a otras normativas que la complementan y que tejen una red más tupida para el control de los medios, como los cupos de papel.

Otro de los temas en los que recalan los autores durante el franquismo es en el estudio de la empresa periodística. AlfonsoNieto (1973) ordenó el *totum revolutum* de cifras sin ningún tipo de rigor que las empresas periodísticas proporcionaban en los años anteriores a la existencia de la Oficina de Justificación de la Difusión (OJD), que hasta 1964 no comenzó a controlar la tirada de los rotativos. En el año 1944 el delegado nacional de Prensa dispuso que todos los diarios contribuyeran a la Institución San Isidoro (ISI) -bajo cuya tutela se encontraban los huérfanos de periodistas- donando 5 céntimos por ejemplar vendido el primer martes de cada mes. El cálculo que hizo Nieto de la difusión respondía a las cantidades de dinero que las propias empresas enviaron al ISI. Se trataba de una aportación que, por tener un destino totalmente benéfico y por no repercutir de manera sensible en la economía de la empresa, permitía y avalabala presunción de veracidad (Nieto, 1973: 122-124).

Siguiendo su estela, Francisco Iglesias (1975) se centra en el nacimiento de la "prensa azul"y toda la normativa que puso en marcha el régimen franquista para crear, mediante la Ley de 23 de julio de 1940, la Prensa del Movimiento. El autor repasa las características de este imperio informativo estatal que no se limitaba solo a periódicos, sino que contaba con sus propias cadenas radiofónicas. Posteriormente, se ocupará también de la empresa privada al publicar una extensa monografía sobre *ABC* (Iglesias, 1980), abriendo así la espita para posteriores estudios en profundidad de otras cabeceras.

3. Trabajos pioneros sobre la prensa franquista en la democracia

La llegada de la democracia facilitó las investigacionessobre los medios de comunicación durante el franquismo. Afortunadamente, se removieron los impedimentos políticos que hacían difícil conocer esta época de la Historia de España. Los fondos documentales se pusieron a disposición de los estudiosos, quienes contaronigualmentecon las opiniones y reflexiones de los testigos directos de esta época. Destacamos la importancia que en esta tarea divulgativa tuvieron las Facultades de Ciencias de la Información y de la Comunicación, que a partir de los años setenta incorporaron la Historia del Periodismo al ámbito académico.

Iniciamos el recorrido por la historiografía existente con Javier Terrón Montero, quien analizó la ideología inspiradora de las dos leyes de prensa franquistas y su influencia en el desarrollo del panorama informativo. A su juicio, ambas han de entenderse e interpretarse dentro del contexto social y político en el que nacen, por lo que parece clara, en la primera de ellas, su inspiración en las disposiciones italianas de la época (Terrón, 1981: 51). Su objetivo era la legitimación y estabilización del régimen, de forma que los periódicos se convirtieron en órganos del Estado sometidos a censura previa y a un potente sistema de consignas. Por lo que concierne a la LPI, el autor considera que respondía a la nueva realidad de liberalización política e ideológica, acorde con la liberalización económica que se produjo con anterioridad en el país. En el repaso del panorama informativo en la década de los setenta, constata (Terrón, 1981: 182-186) la existencia de los diarios de la cadena del Movimiento, que numéricamente representaban el grupo más importante, así como otros pertenecientes a la Iglesia, los vinculados al Opus Dei, los de la familia Luca de Tena y los de adscripción tradicionalista.

Tanto los periódicos como los periodistas tuvieron que lidiar con unos tiempos poco propicios para una profesión que pasó a ser de alto riesgo para quienes la ejercieron, tal y como narra Eduardo de Guzmán (1980), que saca a la luz la represión y depuración de la que fueron objeto los periodistas que durante la Guerra Civil trabajaron en rotativos republicanos. Estos pormenores leeran bien conocidos, pues los sufrió en primera persona. Tras la guerra, fue apresado y sometido a un consejo de guerra sumarísimo. Se le condenó a muerte, pero se le conmutó la pena por la de prisión.

Este colectivo sufrió tres tipos de sanciones (Guzmán, 1980: 54) con la Ley de Prensa de 1938: una depuración administrativa a través del Registro Oficial de Periodistas, ROP; la aplicación de la jurisdicción militar a través del Tribunal Militar de Prensa y la "prohibición absoluta de ejercer su profesión cuando logran la libertad tras permanecer años enteros en cárceles y presidios".

Concluida la Guerra Civil (Guzmán, 1982), las autoridades no permitieron que volvieran a publicarse diarios como*El Debate*-católico y órgano oficial de la Confederación Española de Derechas Autónomas (CEDA), *El Siglo Futuro* - carlista-,*La Época* -monárquico y conservador-, o*La Nación* -defensor de la dictadura primorriverista y después de la Falange-. De los viejos periódicos, solo siguieron *ABC* e *Informaciones*, que recuperaron su significación antirrepublicana anterior a la guerra, y *Ya*, que pasó a publicarse en sustitución de *El Debate*.

Para reemplazar a los diarios derechistas desaparecidos (Guzmán, 1982: 370-371) nació *Arriba*, el buque insignia de la Prensa del Movimiento; *Pueblo* y *Madrid*. También empieza a publicarse en la capital *El Alcázar*, surgido durante el asedio de la fortaleza toledana en 1936. Y mientras unos nacen, otros se suprimen de manera radical: *El Sol, La Voz, La Libertad*, el *Heraldo, Política, El Socialista, Claridad, Mundo Obrero, CNT, Castilla Libre, Ahora* y *El Sindicalista*, lo que le llevará a decir a Guzmán que jamás en la historia de España se suprimieron "de un solo golpe" tantos periódicos.

Desde una perspectiva muy diferente, dirige Jesús Timoteo Álvarez (1989) la obra colectiva *Historia de los medios de comunicación en España*, que constituye una de las primeras en tratar los medios desde una perspectiva económica y política. El librotiene la virtud de reunir a todos los autores - "Son todos los que están"[2], se apunta en la introducción- que en ese momento ya muestran interés por la investigación en lo que a este campo se refiere. Estamos, por tanto, ante los primeros trabajos de quienes, con el paso del tiempo, se han convertido en auténticas autoridades académicas en medios de comunicación.

Gracias al Archivo General de la Administración del Estado, AGA, Justino Sinova (1989) desenterró unos documentos vitales para entender cómo se

---

[2]Efectivamente, además del coordinador de la obra, se dan cita en la misma importantes y prestigiosos investigadores y estudiosos de los medios de comunicación, como César Aguilera, Enrique Bustamante, Mª Rosa Cal Martínez, Miguel de Aguilera Moyano, Bernardo Díaz Nosty, F. Espinet, Rosa Franquet, Emilio C. García Fernández, Carmelo Garitaonandía, Ramiro Gómez B. de Castro, Josep Lluis Gómez Mompart, Joan Manuel Tresserras, Juan A. González Martín, Francisco Iglesias, Emilio Lera, Enric Marín i Otto, Agustín Martínez de las Heras, GillesMultigner, Mirta Núñez Díaz-Balart, Mª Antonia Paz, José Antonio Pérez Ornia, Miguel Ángel Pérez Ruiz, Alejandro Pizarroso Quintero, Justino Sinova, Begoña Zalbidea y Ramón Zallo.

organizó y funcionó la censura previa, en lo que constituye una gran aportación a la Historia del Periodismo español. *Se* detiene en laLey de Serrano Suñer, que impone un concepto totalitario de la información al convertir a la prensa en "institución nacional" y, por tanto, a las órdenes del Estado. Tanto la prensa privada como la del Movimiento quedaronférreamente sometidas al sistema de censura y consignas. Mediante la primera, se eliminaba todo aquello que no convenía a los intereses de los gobernantes y con las segundas se obligaba a publicar lo que el poder quería en cada momento. Debido a este estrecho control, todos los periódicos estaban invadidos por "un rutinario aburrimiento" y hasta buscar noticias "era peligroso" (Sinova, 1989: 131).

La censura despertó mucho interés entre los investigadores que publicaron ya en democracia y es uno de los temas estrella de estos pioneros. Autores comoMiguel Delibes (1985) contribuyeron a divulgar más detalles sobre cómo la prensa estuvo atada de pies y manos. En sus memorias como director de *El Norte de Castilla*(Valladolid), cuenta que "al periodista español se le ofrecía la magnánima alternativa de obedecer o ser sancionado".

La última hora del panorama mediático de los ochenta quedó plasmada en la obra deAntonio Alférez (1986), que identificó alos grupos periodísticos más potentes durante los 40 años de franquismo: los Luca de Tena (*ABC*), los Godó (*La Vanguardia*) y Editorial Católica (*Ya*), amén de la Prensa del Movimiento, que desde el desbloqueo informativo que supuso la LPI y la irrupción de la televisión arrastró pérdidas astronómicas. Alférez (1986: 144) establece en los años setenta el hundimiento de los periódicos movimentistas, cuyo déficit a comienzos de 1981 ascendía a 10.000 millones de pesetas.

Precisamente, quien mejor tratóeste ocaso de la Prensa del Movimiento, centrándose en la solución final que los gobiernos centristas y socialista dieron a estos periódicos, fue Juan Montabes Pereira (1989), quien abordóun tema inédito hasta entonces. En 1978, con motivo de la nueva situación política española, se comienza a pensar qué destino dar a estos periódicos herederos del franquismo y dependientes de la Secretaría General del Movimiento. La cuestión se resolvió (Montabes, 1989: 62) con su absorción por parte del Estado y la creación del órgano autónomo Medios de Comunicación Social del Estado (MCSE). Esto fue posible gracias a la supresión de la organización del Movimiento Nacional, en abril de 1977, traspasándose sus propiedades al Estado. El Consejo de Ministros de 16 de mayo de 1984 puso fin a la cadena, cuyas cabeceras se privatizaron mediante el sistema de subasta.

4. Obras generales y monográficas

Los años noventa fueron prolíficos en cuanto a publicaciones relacionadas con la historia de los medios de comunicación durante la dictadura. El aumento del número de obrasestuvo en consonancia con el acceso a un mayor número de fuentes por parte de los investigadores. Distinguimos, en primer lugar, las de carácter general sobre la Historia de la Prensa en España que contienen capítulos dedicados a la etapa del franquismo y, en segundo lugar, las monografías, tanto las que tratan de forma específica este periodo como las que se centran en el estudio de temas concretos durante estos años.

En cuanto a las obras generales, destacamosla *Historia del Periodismo en España*, de María Dolores Saiz y María Cruz Seoane.Publicada en tres volúmenes sobre los siglos XVIII, XIX y el XX hasta 1936, se editaron en 1983 los dos primeros tomos, y en 1998 el correspondiente al siglo XX. Posteriormente, ha aparecido *Cuatro siglos de periodismo en España. De los avisos a los periódicos digitales*, donde Seoane y Saiz (2007) completan el periodo del siglo XX que restaba por analizar incluyendo capítulos nuevos sobre la prensa durante la Guerra Civil, el régimen de Franco y la democracia.

En la parte correspondiente a la dictadura, diferencian el primer franquismo, donde los medios de comunicación actuaron conforme a la Ley de Prensa de 1938, y el segundo franquismo, donde se afloja el control estatal con la aprobación de la nueva ley "llena de cautelas" pero que supuso "un avance en la liberalización" (Seoane y Saiz, 2007: 286).

En los noventa asistiremos a una creciente publicación de manuales de Historia del Periodismo, en un intento de atender la demanda de los alumnos de las Facultades de Ciencias de la Información. El primero en editarse fue el realizado por José Javier Sánchez Aranda y Carlos Barrera (1992). La obra constituía un primer acercamiento a los temas prohibidos por la censura y se deteníaen los porqués del cambio en la normativa jurídica que iba a producirse casi 30 años después. Supone esta una de las aportaciones singulares de Sánchez Aranda y Barrera, interesados en desentrañar la doctrina de Arias Salgado, el ministro que pergeñó el nuevo texto legal de la Ley de Prensa de 1966, aunque luego fuera aprobado siendo responsable de Información y Turismo Manuel Fraga.

Precisamente, al tiempo que se presenta esta obra, se encontraba en imprenta la de Alejandro Pizarroso (1992). La etapa de los medios de comunicación en el franquismo la divide en dos grandes bloques, en función de la periodización que hace -coincidente con la de Seoane y Saiz- y que se caracteriza por atender al marco legal. La primera de ellas iría hasta la Ley de Prensa de 1966, y la siguiente desde ese año hasta la muerte del dictador. Pizarroso (1992: 164) piensa que las dos leyes respondieron al mismo espíritu, si bien es cierto que la realidad de la prensa es distinta en las dos etapas debido más a la evolución de la sociedad española que a las disposiciones legales en sí mismas.

Comparte con otros autores, como Sánchez Aranda y Barrera, que la vigencia de la LPI produjo una verdadera renovación en la prensa española y que acabó con la homogeneidad a la que la redujo la censura y las consignas de la Ley de Serrano Suñer. Extendida está también la idea entre los autores que han repasado los medios de comunicación durante el franquismo que las revistas de información general como *Cuadernos para el Diálogo, Triunfo, Cambio 16* o *Destino* (Barrera, 1995b; Chuliá, 2001; Pizarroso, 1992) fueron cruciales para el fin del régimen y la llegada de la democracia.

Otro manual de Historia del Periodismo apareció de la mano de Juan Francisco Fuentes y Javier Fernández Sebastián (1997). Una de las aportaciones más destacadas de estos autores es su análisis de la evolución social que se produce en España a finales de la década de los cincuenta, y cómo esta no tiene su reflejo en la política informativa, que siguió enquistada e inamovible, sin cambios perceptibles hasta la entrada en vigor de la LPI. En términos generales defienden que la política del Ministerio de Información y Turismo (MIT) se caracterizó por una aplicación restrictiva de la ley, con excepción del breve mandato aperturista del ministro Pío Cabanillas (Fuentes y Fernández, 1997: 306).

Existen tambiénotra serie de publicaciones más numerosas que, de forma monográfica, tratan en exclusiva la etapa del franquismo y su relación con los medios de comunicación. El periodo que comprende los años 1936 a 1975 es sobre el que arroja luzCarlos Barrera (1995a). Tras el análisis del marco jurídico del régimen, entra a valorar la calidad en la confección de los periódicos, los principales periodistas que trabajaban en ellos o los contenidos que asomaban con más frecuencia en sus páginas. Nos encontramos, pues, con un *ABC* quemantiene impertérrita su ideología monárquica; una Prensa del Movimiento controlada por el régimen franquista, y un *Ya,* sustituto de *El Debate,* en manos de los católicos. Todos ellos, y a pesar de las distintas fuerzas que los controlaban, tenían una característica común, y es que estaban sometidos a censura, consignas y multas.

Un periodo menos extenso -la guerra y la posguerra- es el que analiza Francisco Sevillano Calero (1998), que analiza los efectos de los medios de comunicación social. Teniendo en cuenta que no toda la población española estuvo expuesta de igual forma a la influencia mediática, cree que se produjo un relativo fracaso de su labor persuasiva (Sevillano, 1998: 133). Elisa Chuliá (2001) precisará que su influenciano fue probablemente tan exitosa como desearon los nuevos gobernantes, pero tampoco tan ineficaz como indica Sevillano. Concreta que debido a razones como la represión o los beneficios que se obtenían por demostrar la adhesión al régimenresultaba improbable que cundiera en la sociedad el sentimiento de resistencia (Chuliá, 2001: 79-80).

Compara los mecanismos de control que los regímenes totalitarios europeos vigentes por entonces aplicaban a los medios de comunicación, llegando a la conclusión de que España se adaptaba bien a los modelos de la Italia fascista y la Alemania nazi por lo que al control de fuentes y consignas en la confección de mensajes se refiere. Pero, además, España incorporó la censura previa, que la acercaba más al Portugal de Salazar. Chuliá (2001: 135) analiza la liberalización informativa a la que dio lugar laLey de Prensa de 1966, que se convirtió en una necesidad ante el desgaste de la censura y las consignas. Subraya una aparente contradicción, y es que la propia apertura del régimen, lenta pero constante, respondió a su necesidad de pervivencia, si bien conllevaría también el principio de su disolución.

Tal y como vienen constatando las obras de los autores que hemos visto hasta ahora, durante el franquismo se produjo una convivencia de la prensa privada con la Prensa del Movimiento. Ambas hubieron de sobrevivir a una política informativa férreamente controlada por el régimen. Si bien en los primeros tiempos de la dictadura era prácticamente imposible distinguirlas, por cuanto sus contenidos eran prácticamente idénticos, con el paso del tiempo prensa privada y Prensa del Movimiento correrían diferente suerte.

Begoña Zalbidea (1996) se encargará de contar el camino emprendido por la prensa oficial: sus orígenes, su desarrollo y desaparición. Se trata de la monografía más importante sobre la Prensa del Movimientoen la que queda al descubierto la política informativa del régimen y, por tanto, sus últimas intenciones de que estas cabeceras contribuyeran a legitimarlo. Esta cadena fue fruto de las incautaciones que durante la Guerra Civil realizó la Falange de los periódicos liberales y democráticos, de organizaciones del Frente Popular y de los sindicatos que se editaban durante la Segunda República. Mediante el Decreto de Unificación de FET y de las JONS de abril de 1937Franco desactivó a la Falange auténtica, que quedó sustituida por un partido oficial al servicio del Estado, el Movimiento Nacional. De este modo, se produjo también una reestructuración de estosmedios, que pasaron a depender del Estado (Zalbidea, 1996: 21-26). No sería hasta unos años después, y por Ley de 13 de julio de 1940, cuando se crearía formalmente la Prensa del Movimiento, entonces convertida ya en todo un emporio mediático integrado por más de 40 diarios. Con el tiempo, también el más ruinoso, pues su nacimiento no atendió a fines mercantiles sino ideológicos.

La Prensa del Movimiento ha tenido, además, otros interesantes tratamientos, como el de González Calleja (1990), quien nos pone al corriente de cómo la Falange, que se encontraba en precario cuando se produjo el golpe de Estado, se recompuso gracias a los periódicos afines a la República que fue incautando. Con "las rapiñas bélicas" (González, 1990: 496) la Falange irá creando un grupo de empresas periodísticas de primera magnitud, lo que después se conocería como Prensa del Movimiento.

Precisamente en los años 1941-1945, cuando las competencias de Prensa y Propaganda estaban bajo la Vicesecretaría de Educación Popular (VSEP), a la que Bermejo Sánchez (1991: 94) llama Ministerio de la Propaganda, es cuando se produce la más intensa tentativa del régimen por controlar todos los canales de expresión, con la inequívoca voluntad de encarrilar la opinión pública.

Cerramos este apartado dando cuenta de dos obras colectivas de interés que se publicaron en estos años: las Actas del Coloquio Internacional de Talence, editadas por Paul Aubert y Jean-Michel Desvois (1996), así como las Actas del IV Congreso de la Asociación de Historiadores de la Comunicación, recopiladas por Juan A. García Galindo et al. (2002). En ambos volúmenes se recogen nuevas contribucionessobre los medios de comunicación durante el franquismo desde múltiples perspectivas y temáticas.

5. La historiografía local y regional

Los estudios de carácter local y regional han tenido un gran apogeo en los últimos tiempos, si bien es cierto que sus antecedentes hay que buscarlos en los trabajos realizados por José Altabella. Dentro de estas obras, resultado en su mayoría de tesis doctorales, podemos distinguir dos tipos: aquellas que seleccionan una sola publicación, habitualmente de varias décadas de existencia, donde se analiza su evolución a lo largo de todo su recorrido por las diferentes etapas históricas, y otras que examinan las publicaciones de una determinada provincia o región acotando un periodo determinado, normalmente breve y caracterizado por un marco político y legislativo homogéneo.

Dentro de las primeras, traemos a colación a Alfonso Sánchez Tabernero (1989) con *El Correo Español-El Pueblo Vasco y su entorno informativo (1910-1985)*. Vemos en este trabajo la clarísima influencia de Francisco Iglesias (1980) y su publicación sobre *ABC*. El trabajo indaga en las estrategias empresariales informativas utilizando unas fuentes de primer nivel, como es el archivo de la familia Ybarra, propietaria del rotativo.

De la Universidad de Valladolid provienen las obras de Pablo Pérez López y Ricardo Martín de la Guardia, que han tratado otros modelos de prensa, como la católica, en el primer caso, y la movimentista en el segundo.

Pablo Pérez (1994) se centra en la evolución del *Diario Regional* de Valladolid, durante la etapa 1931-1980. El rotativo convivió en la ciudad del Pisuerga con *El Norte de Castilla y Libertad* y su discurso confesional tradicional no consiguió calar entre los lectores, por lo que tuvo una reducida difusión. El periódico mostró siempre más entusiasmo por difundir los contenidos del arzobispado de Valladolid que por convertirse en altavoz de las autoridades franquistas (Pérez, 1994: 177). Esta falta de entusiasmo, que sí mostraban sus coetáneos, le costó algunas amonestaciones y sanciones.

Si *Diario Regional* era poco rentable, menos lo fue aún *Libertad*, el periódico del Movimiento sobre el que Ricardo Martín de la Guardia (1994) ha realizado un trabajo de obligada consulta en cualquier investigación a realizar sobre la prensa movimentista. *Libertad* nace como semanario combativo de los jonsistas en 1931 y a partir de 1938 se convierte en diario. A través del seguimiento de editoriales, artículos de opinión, comentarios, etc., el autor va concretando las cuestiones más destacadas y la ideología que desprendía el rotativopara conformar opinión.

Martín de la Guardia atrajo la atención científica con esta obra, que ha servido para guiar otros trabajos sobre la Prensa del Movimiento. Al margen de las diferentes localidades donde fueron editados los más de 40 diarios que llegó a tener esta red, lo cierto es que todos respondían a un mismo patrón y podría darse la máxima de que "leído un periódico, leídos todos". No obstante, ello no es óbice para que estén apareciendo investigaciones sobre algunas cabeceras que no siguen las pautas generales en determinados aspectos, como *Levante*(Valencia), *Alerta* (Santander) o *La Voz de Castilla*(Burgos). Los dos primeros, estudiados por Emilio Bordería Ortiz (2000) y J. Francisco Gutiérrez Goñi (2009), respectivamente, fueron diarios muy rentables para la cadena del Movimiento y gozaron de una gran difusión al ofrecer un producto mejor armado que el de la competencia. Clara Sanz (2015), en su análisis sobre *La Voz de Castilla*, el último periódico de la Prensa del Movimiento, que fue una ruina desde su creación en 1945, destaca el hecho de que se fundara como Sociedad Anónima y, por tanto, con fines claramente económicos para beneficio de su fundador, el entonces jefe provincial del Movimiento y gobernador civil, Manuel Yllera.

Las monografías sobre la prensa alcanzan a toda la geografía española, y en los últimos años otros periódicos han sido objeto de investigaciones, como por ejemplo *Ya, La Vanguardia,* La *Gaceta del Norte, La Voz de Galicia, ElIdeal Gallego, El Correo de Andalucía o ABC* de Sevilla.

6. Metodología y fuentes empleadas

Los estudios sobre la prensa en el franquismose abordan teniendo en cuentavarias metodologías, que van desdela cuantitativa y cualitativa a la comparativa, la crítico-racional o la histórica. En la mayoría de las ocasiones, en una misma investigación confluyen varias perspectivas, de forma que los autores acometen una triangulación del objeto de estudio, esto es, la utilización de diferentes aproximaciones, de heterogéneas miradas, para reconstruir de la forma más válida y fiable posible las características de los diarios y reforzar así la validez de sus resultados.

Habitualmente, aunque no siempre, las investigaciones de las cabeceras van acompañadas de un vaciado de contenido, de forma que los autores utilizan los propios diarios como principal fuente documental para ver cómo se ajustaron a la censura, cómo se plegaron o no las consignas, cuáles eran los mensajes propagandísticos que el régimen propalaba en cada etapa o cómo respondieron antes y después de la LPI.

Las obras incorporan también un análisis formal para seguir la evolución en la confección del periódico -los cambios de formato, de mancheta, la supresión o inclusión de nuevas secciones, de las fotografías...-, además de otro de carácter empresarial y económico, con la relación de ingresos, gastos, pérdidas, beneficios, publicidad, tiradas... que permitan dar con las causas de su consolidación o de su cierre. Algunos investigadores recalan en la importancia de la figura del director a la hora de conducir la Redacción o de marcar su impronta y estilo personal en la publicación; en otros trabajos, se parte de la vida de los periódicos para ir conociendo, a través de ellos, el contexto provincial de la época, de forma que se produce un seguimiento de los temas más significativos ocurridos en el territorio de que se trate durante el periodo de análisis. Además, y en los últimos años, las investigaciones suelen incorporar algún capítulo sobre la depuración de periodistas provinciales que trabajaron en periódicos republicanos.

En cuanto a las fuentes empleadas, además de las hemerográficas y archivos y bibliotecas de todo orden, la gran mayoría ha recurrido al Archivo General de la Administración, de Alcalá de Henares, de obligada consulta para quien pretenda trabajar este contexto histórico. En él se encuentra custodiada la ingente y variopinta documentación que generaron los ministerios creados durante el régimen franquista.

Algunos autores han accedido a una rica y jugosa documentación, como Emilio Bordería (2000), quien en el Archivo del Reino de Valencia descubrió balances económicos del diario *Levante* que contribuyeron a demostrar que fue una fabulosa máquina de hacer dinero; o Sánchez Tabernero (1989) o Elisa Chuliá (2001), que han trabajado con los archivos privados de la familia Ibarra y Torcuato Luca de Tena, nieto del fundador de *ABC*, para elaborar sus respectivas obras. Los expertos que han podido acceder a fuentes privadas han contado, sin duda, con una gran ventaja a la hora de acercarse al objeto de estudio y obtener unos mejores resultados. Señalamos, por último, que las fuentes orales han tenido una utilización escasa en los estudios que hemos repasado, si bien estuvieron presentes desde el primer momento y están cobrando importancia en los estudios actuales.

7. Conclusiones

Como hemos podido constatar, es muy escasa la historiografía que sobre los medios de comunicación se produjo durante la dictadura. Este reducido número de publicaciones será una constante que se mantendrá, aunque menos acusada, durante la primera década de la recién inaugurada democracia. En los años ochenta se divulgarán obras de vital importancia, algunas fundamentales para entender el sistema informativo del franquismo y su obsesión por mantener un férreo control sobre las empresas y el quehacer periodístico. Sin embargo, no será hasta bien entrados los noventa cuando, al igual que sucedió en otras tantas áreas de conocimiento, despierte el interés académico por los medios de comunicación, interés que irá en aumento con el sostenido florecimiento de publicaciones que se produce a partir del año 2000, con la aparición de destacadas monografías.

En esta recapitulación final, precisamos que contamos con tres tipos de publicaciones: en primer lugar, las obras generales sobre la Historia de la Prensa, en algunos casos auténticos manuales de uso académico que cuentan con capítulos dedicados a los medios de comunicación durante el franquismo. En su publicación tuvieron mucho que ver las nuevas facultades de Ciencias de la Información, necesitadas de material académico que atendiera la demanda de la nueva asignatura de Historia del Periodismo.En segundo lugar, las monografías, más numerosas que las anteriores y que son de dos tipos: las que tratan exclusivamente la etapa franquista y su relación con los medios de comunicación, o bien aquellas que abordan en profundidad un tema específico. Y en tercer lugar, lasobras que más auge están cobrando en la actualidad, cual son las relativas a la prensa local y regional, que han tratado los diferentes modelos de prensa, tanto la privada como la movimentista. Con el siglo XXI se ha desplegado una gran actividad investigadora sobre múltiples cabeceras provinciales, cuyas radiografías se han realizado, en muchos casos, en función de la disponibilidad y solidez de las fuentes consultadas.

En la explicación que hemos venido haciendo de las aportaciones realizadas por los distintos autores, hemos pretendido subrayar quiénes fueron los precursores, los primeros que comenzaron a abordar los temas clave que posteriormente fueron desarrollados, ampliados o matizados gracias al acceso a nuevas fuentes o a originales enfoques puestos en práctica. De esta forma, se ha comprobado cómo ya durante la dictadura, tanto quienes escriben desde dentro del régimen como quienes publican desde fuera de nuestras fronteras para sortear la censura-Gonzalo Dueñas desde París con Ruedo Ibérico-, abordan cuestiones sobre el periodismo en general o la historia y evolución de importantes diarios; la caracterización de las leyes de prensa de 1938 y 1966; los pormenores de la empresa periodística, o la creación de la Prensa del Movimiento y la situación económica por la que atravesó.

Precisamos, por otra parte, que estas primeras publicaciones no entran en el entramado censor. Los autores se centraron en temáticas tangenciales a lo que suponía el auténtico caballo de batalla: el gran fraude periodístico al que abocó un sistema de censura y consignas pergeñado hasta sus últimos detalles y que convirtió a la prensa en adalid del nuevo Estado.

La democracia amplió el campo de maniobra de la investigación. Se abordó el alambicado y jerarquizado sistema de censura, poniendo al descubierto cientos de consignas que explicarían el porqué de la uniformidad de los mensajes periodísticos y los vaivenes de la política informativa del régimen durante los primeros años de la posguerra; se indagó en las razones del cierre de la prensa movimentista; se presentó el nuevo panorama mediático al que dio lugar la LPI y salió a la luz la depuración de la que fue objeto la profesión periodística.

Buena parte de las cuestiones investigadas no han dado lugar a controversias, pues hay plena coincidencia en que nunca antes en la Historia de España los medios de comunicación y los periodistas habían estado sometidos a un control tan férreo; que la Ley de Prensa de 1938 pulverizó la concepción liberal del periodismo; que la Ley Fraga, aun reconociendo la libertad de expresión, siguió amordazando a los medios, si bien se produjo una liberalización informativa en la que algunos periódicos y revistas arriesgaron y abrieron el camino a una prensa libre; que la Prensa del Movimiento fue un imperio informativo que tuvo su razón de ser en legitimar al régimen, y que precisamente la apertura informativa fue la puntilla que acabó con estas cabeceras que, desde su creación y salvo excepciones, fueron un pozo sin fondo para las arcas estatales.

Las fuentes hemerográficas y el Archivo General de la Administración han sido las más utilizadas por los expertos. Además, algunos han accedido a importantes archivos privados, lo que ha conferido a sus investigaciones un valor añadido. No obstante, cabe recalcar que la etapa del franquismo se caracteriza por una importante pérdida de documentos, en la que mucho tuvo que ver la propia Guerra Civil.

8. Bibliografía

- Alférez, A. (1986). Cuarto poder en España. La prensa desde la Ley Fraga 1966. Barcelona: Plaza &Janés Editores.

- Altabella, J. (1966). El Norte de Castilla en su marco periodístico (1854-1965). Madrid: Editora Nacional.

- Altabella, J. (1981). Fuentes crítico-bibliográficas para la historia de la prensa provincial española. [Tesis doctoral]. Universidad Complutense, Madrid.

- Álvarez, J. T. et al. (1989). Historia de los medios de comunicación en España. Periodismo, imagen y publicidad (1900-1990). Barcelona: Ariel.

- Aubert, P. y Desvois, J. M. (Eds.) (1996). Presse et pouvoir en Espagne 1968-1975. Bordeaux: Maison des PaysIbériques. Madrid: École des Hautes ÉtudesHispaniques.

- Barrera, C. (1995a). Periodismo y Franquismo: De la censura a la apertura. Barcelona: Ediciones Internacionales Universitarias.

- Barrera, C. (1995b). Factores de cambio en el periodismo de la Transición. En J. Tusell (Dtor.) y A. Soto (Dtor.), Historia de la transición y consolidación democrática en España (1975-1986) (pp. 449-463) (2). Madrid: UNED.

- Bermejo Sánchez, B. (1991). La Vicesecretaría de Educación Popular (1941-1945): Un "ministerio" de la propaganda en manos de Falange. Espacio, Tiempo y Forma, Historia Contemporánea, (4), 73-96.

- Bordería Ortiz, E. (2000). La prensa durante el franquismo: Represión, censura y negocio. Valencia (1939-1975). Valencia: Fundación Universitaria San Pablo C.E.U.

- Chuliá, E. (2001). El poder y la palabra. Prensa y poder político en las dictaduras. El régimen de Franco ante la prensa y el periodismo. Madrid: Biblioteca Nueva.

- Delibes, M. (1985). La censura de prensa en los años 40 (y otros ensayos). Valladolid: Ámbito.

- Dueñas, G. (1969). La Ley de Prensa de Manuel Fraga. París: Ruedo Ibérico.

- Fernández Areal, M. (1971a). La libertad de Prensa en España (1938-1971). Madrid: Cuadernos para el Diálogo.

- Fernández Areal, M. (1971b). La Ley de Prensa a debate. Barcelona: Plaza & Janes.

- Fernández Areal, M. (1973). El control de la prensa en España. Madrid: Guadiana Publicaciones.

- Fuentes, J. F. y Fernández Sebastián, J. (1997). Historia del periodismo español: Prensa, política y opinión pública en la España contemporánea. Madrid: Síntesis.

- García, J. A. et al. (Eds.) (2002). La comunicación social durante el franquismo. Málaga: Centro de Ediciones de la Diputación Provincial de Málaga.

- González Calleja, E. (1990). La prensa falangista y la prensa del Estado. Consideraciones sobre su origen y desarrollo. En M. Tuñón de Lara (Dtor.), Comunicación, cultura y política durante la II República y la Guerra Civil (pp. 495-517) (2). Bilbao: Universidad del País Vasco.

- Gutiérrez Goñi, J. F. (2009). La prensa de Cantabria durante el primer franquismo (1937-1942). Universidad Complutense. Disponible en: http://eprints.ucm. es/9585/1/T30992.pdf [2014, mayo].

- Guzmán, E. de (1980). Vicisitudes y penalidades de la prensa española de 1936 a 1979. Tiempo de Historia, (66), 48-57.

- Guzmán, E. de (1982). Historias de la Prensa. Madrid: Penthalon.

- Iglesias, F. (1975). Un imperio informativo: Prensa y Radio del Movimiento. Nuestro Tiempo, 1 (250), 67-77.

- Iglesias, F. (1980). Historia de una empresa periodística. Prensa Española, editora de ABC y Blanco y Negro (1891-1978). Madrid: Prensa Española.

- Martín de la Guardia, R. M. (1994). Información y propaganda en la Prensa del Movimiento. Libertad de Valladolid, (1931-1979). Valladolid: Secretariado de Publicaciones de la Universidad de Valladolid.

- Montabes Pereira, J. (1989). La prensa del Estado durante la transición política española. Madrid: Centro de Investigaciones Sociológicas-Siglo XXI.

- Nieto Tamargo, A. (1973). La empresa periodística en España. Pamplona: EUNSA.

- Núñez Díaz-Balart, M. et al. (Coords.) (1997). José Altabella. Libro Homenaje. Madrid: Facultad de Ciencias de la Información.

- Pérez López, P. (1994). Católicos, política e información: Diario Regional de Valladolid, 1931-1980. Valladolid: Secretariado de Publicaciones de la Universidad de Valladolid.

- Pizarroso Quintero, A. (1992). De la Gazeta Nueva a Canal Plus. Breve historia de los medios de comunicación en España. Madrid: Editorial Complutense.

- Sánchez Aranda, J. J. y Barrera, C. (1992). Historia del periodismo español. Desde sus orígenes hasta 1975. Pamplona: EUNSA.

- Sánchez Tabernero, A. (1989). El Correo Español-El Pueblo Vasco y su entorno informativo (1910-1985). Pamplona: Universidad de Navarra.

- Sanz Hernando, C. (2015). La Voz de Castilla, el periódico de la Prensa del Movimiento en Burgos (1945-1976). [Tesis doctoral]. Disponible en: https://dialnet.unirioja.es/servlet/tesis?codigo=58921 [2017, 4 de enero].

- Seoane, M. C. y Saiz, M. D. (2007). Cuatro siglos de periodismo en España. De los avisos a los periódicos digitales. Madrid: Alianza Editorial.

- Sevillano Calero, F. (1998). Propaganda y medios de comunicación en el franquismo (1936-1951). Murcia: Publicaciones Universidad de Alicante.

- Sinova, J. (1989). La censura de prensa durante el franquismo (1936-1951). Madrid: Espasa-Calpe.

- Terrón Montero, J. (1981). La prensa en España durante el régimen de Franco. Un intento de análisis político. Madrid: CIS.

- Zalbidea Bengoa, B. (1996). La Prensa del Movimiento en España: 1936-1983. [Tesis doctoral]. Universidad del País Vasco, Bilbao.

CAPÍTULO II

APRENDIZAJE DEL GUIÓN: UNIVERSIDAD Y FORMAS ALTERNATIVAS *ONLINE*

José-Ignacio Domínguez-Madero

El guión es una herramienta que permite el posterior desarrollo de una obra audiovisual. Es un texto escrito que sirve de base y es escrito por uno o varios guionistas. Los guiones se componen de creatividad y de una serie de reglas. En la universidad, así como en otras instituciones, se puede aprender las reglas mediante una formación tradicional de cursos presenciales, máster... Que permiten una gran profundización en el conocimiento. En los últimos años, también han aparecido nuevas formas de aprenderlas mediante internet, con modalidades como los cursos *online* y los vídeo-tutoriales.

El objetivo es ofrecer una visión crítica de las diferencias entre las formas de aprendizaje de la escritura de guiones de forma académica y las formas de aprender también la escritura de forma exclusivamente *online*.

La metodología consiste en la observación del sistema universitario en lo referente a la enseñanza de la escritura de guiones destinados a obras audiovisuales, la lectura de bibliografía usada por numerosos académicos en este frente, el visionado de vídeos en español y en inglés con tutoriales y consejos de este tema y el estudio de programas que se publicitan en internet para ofrecer cursos exclusivamente *online*.

El resultado es que los vídeo-tutoriales suelen resolver dudas concretas y/o apoyo puntual y los cursos *online* son variados, incluyendo sus precios y sus contenidos. Pero el sistema universitario ofrece una cultura y amplitud de aspectos que no alcanzan los demás.

1. Introducción: Interés en el tema

Este artículo desarrolla la ponencia con el mismo título del *II Congreso Internacional Comunicación y Pensamiento. Internet y redes sociales: nuevas libertades, nuevas esclavitudes*. Lo hace de forma mucho más extendida para la mejor comprensión de los que estuvieron de oyentes y ponentes, así como para el descubrimiento de los nuevos lectores.

Por tanto, el presente trabajo se propone indagar en el mundo de la formación para el universo profesional, narrativo y tecnológico de la comunicación audiovisual, y más específicamente en los relatos ficcionales con independencia de su formato: cine, cortometraje, anuncio publicitario, serie de televisión, vídeo interactivo, radio, audiovisual de internet... En concreto, aborda el aprendizaje de la escritura de guiones para todos esos formatos.

Originalmente, la ponencia que da lugar a este artículo iba a enfocarse en la forma estandarizada de escribir guiones, concretamente para el cine, con su metodología y argumentación expuestas. Pero, a medida que la investigación y la preparación de la misma avanzaban, debido a la variada amplitud de bibliografía y a los diversos orígenes de cada fuente, tanto nacionales como internacionales, así como de las observaciones derivadas de la enseñanza docente universitaria sobre el guión, fue descubriéndose como más novedoso algo distinto aunque relacionado con el tema: las diferentes formas de enseñar y aprender a escribir guiones, escogiendo las más habituales y dándoles categorías que permitan su análisis.

Aunque la enseñanza de este arte no es algo nuevo, la incorporación de internet al mundo de la tecnología para uso y disfrute de los civiles ha abierto nuevas posibilidades en este campo que deben ser exploradas como vías de presente y de futuro para la docencia. Este trabajo surge del interés por organizar las diversas formas creadas por el ser humano para ello y, dado el tema del Congreso que ha dado lugar a este artículo, poner un especial foco en las formas en que internet han afectado, creando y modificando, a los métodos y herramientas para el aprendizaje de este arte.

La bibliografía dominante trata de cómo debe ser un guión, casi siempre de cine y habitualmente en un sentido "comercial" y tomando como referencia al cine de Hollywood, salvo algunas excepciones, como obras españolas que se enfocan en el cine español. También hay bibliografía que tratan aspectos concretos de los guiones ya sea en forma de manual, entrevistas... Por otro lado, especialmente en internet hay información sobre múltiples formas de aprender a escribir guiones, ya sea mediante la universidad, cursos privados, vídeo-tutoriales, etc. E incluso se puede acceder a algunas de esas formas a través de esas mismas fuentes para aprovecharlas en la red, ya sea gratuitamente, con publicidad o mediante algún pago de matrícula y/o cuotas.

Al indagar en todo esto, se espera poner de relieve tras indicar en resumen qué es un guión algunas formas de aprender a escribirlo, con los parecidos y diferencias entre ellas esbozados de forma general.

2. Libros de guión: enfoque principal de un tipo de escritura

Al asunto de partida que pretende establecer qué diferencias hay entre diversas formas de aprender a escribir guiones, se añade la que hay que responder antes: ¿Qué es un guión? No es una pregunta fácil de responder. Si nos vamos a obras que traten los guiones desde la perspectiva entendida como comercial y propia de Hollywood encontramos múltiples obras que definen una forma de entender el guión muy concreta, aunque cada autor aporte sus matices. De tal forma que si estudiamos *Escribir cine. Guía práctica para guionistas de la famosa escuela de escritores de Nueva York* (2014) de Alexander Steele encontramos que nos dice tiene que existir una idea antes del guión que ponga en marcha el proceso. Puede ser original o una adaptación (novela, noticia, hecho histórico...). Después, como bien dice Blake Snyder en *¡Salva al gato! El libro definitivo para la creación de un guión* (2010) lo primero que debe tener un guión es una buena premisa, también llamada gancho por él. Luego considera que lo siguiente es un protagonista que la amplifique. Aquí tenemos por tanto el comienzo del guión, o al menos de su historia, pues el guión de cine comercial (aunque también se aplica al de series) siempre se entiende como narrativo. De hecho, la premisa es el punto primario original sobre el que se sustenta cada guión.

Por otro lado, Linda Seger en su obra *Cómo convertir un buen guión en un guión excelente* (1991) nos recuerda la importancia de la estructura de la historia, que compara con la columna vertebral que sostiene al ser humano. Divide la estructura en tres actos (presentación, nudo y desenlace) y expresa que a pesar de que los giros y quiebros puedan suceder durante la historia, en esta estructura existen dos puntos de giro que deben tener lugar para que la acción no cese de estar en movimiento: uno al inicio del segundo acto, y el segundo al comienzo del tercero. Según ella, estos puntos facilitan el cambiar de dirección la historia, de tal forma que se desarrollan nuevos sucesos. Como resultado de ambos puntos de giro, la historia adquiere impulso y mantienen el interés hasta llegar al clímax, el gran final de la historia. Además incluye en la estructura las tramas secundarias, cuya función principal según Seger es dar dimensión al guión. Es decir, conducir el tema y profundizar en la historia. Comparte también la estructura general de los relatos tradicionales, de forma que una buena trama secundaria tiene punto de giro, un planteamiento claro, un desarrollo y un desenlace final.

A su vez, y complementando esta información, Philip Parker presenta en *Cómo escribir el guión perfecto* (2010)una matriz creativa que proporciona un medio para vislumbrar los distintos componentes de un guión en conjunción con el resto, sin que prevalezca ninguno sobre los demás.Pero advierte que si bien este enfoque evita una simplificación excesiva del proceso de escribir guiones, en el caso de que al guionista sólo le preocupen estos elementos narrativos, es seguro que se perderá gran parte del proceso. La que incluye toda la información, las emociones y la experiencia que el guionista vierte en la creación de un guión. Esta matriz interrelaciona:

- La historia y el tema.

- La forma y la trama.

- El género y el estilo.

Además define de forma precisa cada uno de esos elementos, de modo que la historia es un patrón reconocido de acontecimientos que, vistos en su totalidad, actúan como un marco de referencia motivador para los personajes.El tema es la respuesta a la pregunta: ¿De qué trata realmente? No solo eso. La forma la considera la configuración dramática de la narrativa, y sin embargo la trama es la manera en que la historia y los elementos temáticos se revelan dramáticamente. Hay tres parámetros de la forma: Son la duración, la estructura y el tiempo. Y del tercer pilar de interrelaciones nos dice que los géneros son conjuntos de patrones, combinaciones de elementos narrativos, que los guionistas y el público reconocen y emplean para interpretar un trabajo concebido para la pantalla. Mientras que del estilo comunica que la característica más importante que subyacen él es el tono.

Así mismo, según Robert McKee en su libro *El guión* (2002) nos advierte que los guiones de películas que triunfan proponen arquetipos, no estereotipos que limitan su atractivo. Para él ninguna película podrá funcionar comercialmente si no se adelanta a las reacciones y expectativas del público que la visiona.Y describe que hay dos tipos de malos guiones: los que cuentan un hecho personal y cotidiano sin estructura y confundiendo una película con la realidad, y los que ofrecen un espectáculo de efectos y tramas imposibles sin un buen relato de base. Un buen guión se encuentra en equilibrio entre ambos extremos.

Para McKee los protagonistas tienen una voluntad fuerte, deseos conscientes (tal vez un deseo subconsciente contradictorio), capacidad de perseguir su deseo convincentemente y al menos una oportunidad de alcanzarlo. Deben suscitar empatía al espectador. Y, sobre la historia, debe ser causal. Cuenta que hay que evitar las coincidencias, pero como en la vida real se producen, hay que convertirlas en lógicas.

Subdivide el guión en escenas. Una escena es una acción que se produce a través de un conflicto en un tiempo y un espacio continúo, que cambia por lo menos uno de los valores de la vida del personaje de una forma perceptiblemente importante. En la escena se encuentra el elemento más pequeño de la estructura, el golpe de efecto, que consiste en un cambio de comportamiento mediante acción y reacción. Siguiendo esta subdivisión, Las escenas se componen de golpes de efecto y a su vez se unen para componer secuencias, que se identifican por acabar con un mayor impacto que las escenas anteriores. A su vez tras varias secuencias se produce un clímax, momento de mayor impacto e importancia que los anteriores. Este conjunto de secuencias se llama acto. El último clímax es el clímax narrativo. Enlaza por tanto con Seger en la importancia y forma de la estructura.

Como se puede deducir lo fundamental en el cine comercial es una premisa clara que surja de una buena idea y se desarrolle sobre una estructura férrea que sustente el interés del espectador mediante los personajes que materializan la historia.

3. Libros de guión: otros tipos de enfoques

Partiendo de la afirmación de que lo anterior es el enfoque principal de qué es un guión en contenido y en forma, con especial énfasis en el guión de cine pero con parte de la descripción válida para cualquier guión, se deben nombrar otras obras de los mismos autores y de otros distintos que, ya sea por enfocarse en aspectos concretos del guión o por abarcar también todo el guión pero desde una perspectiva distinta y a veces con distintos focos, permiten dar una idea del objeto a estudiar.

Sobre el guión en general bien indican en *Guión audiovisual* (2006) Daniel Aranda y Fernando de Felipe queun guión ha de ser en primer lugar una lectura con la capacidad de crear visualmente en la mente del lector la obra audiovisual que se desea realizar.No dudan en indicar su lugar dentro del audiovisual cuando manifiestan que el guión es a la película terminada lo que el plano de un proyecto arquitectónico al edificio una vez construido: un boceto, una primera fase, una guía codificada, una mera herramienta artística.

Por otro lado, Alicia Luna transmite en *Matad al guionista... y acabaréis con el cine* (2000) muchas entrevistas a guionistas que permiten aportar algunos matices de parte de profesionales a todas estas definiciones. Por ejemplo Joaquín Oristrell señala como siempre es mejor empezar con una buena secuencia para sujetar al espectador y situarle mucho en qué película va a ver. Además, indica que a los personajes no se les deben poner las cosas fáciles, sino difíciles.Por otra parte Manolo Matji dice que para seguir cualquier trama al espectador cuanto menos le des más interesado va a estar. Porque es misterio lo que el público está pidiendo. Y Manuel Hidalgo define al género mencionando que es un etiquetado que absorbe unas características que se agrupan de una manera u otra. Y matiza que hay películas mixtas,poniendo de ejemplo como una película de aventuras puede ser a la vez una película romántica.

Otro enfoque de interés es las explicaciones sobre guiones que se dan en talleres y quedan registradas, como los recogidos en el libro *Taller de escritura para cine* (2009)compilados por Lorenzo Vilches. En esta obra influyen múltiples autores que fueron dando los talleres oralmente antes de ser recopilados en un libro.MariclaSeralli explica que el guión tiene una forma: siempre está en presente y es acción. Casi nunca aparece el verbo ser. Es visual... Y recuerda que es muy raro que se usen adverbios o adjetivos. Además, precisa que para que un guión tenga ritmo es indispensable que sus escenas sean breves, estén construidas en secuencia y sus personajes tengan puntos de vista diferentes. Habla asimismo de dos estructuras: La estructura clásicacomporta un desenlace cerrado y la existencia de un protagonista activo en conflicto con otros personajes. Un inicio, un centro y un final en tres actos diferenciados cuyos acontecimientos se basan en el principio causa-efecto.Por otro lado la estructura minimalista poséefinales abiertos, conflictos internos, múltiples protagonistas y muchas tramas. Su protagonista es posible que tenga una actitud pasiva: el tiempo en el que actúa está fragmentado, los acontecimientos son casuales. La realidad puede ser incoherente.

Jean ClaudeCarrière considera que el guionista tiene que saber adaptarse al director.Linda Seger matiza que el crecimiento del drama y la intensidad tiene mucha relación con el buen funcionamiento del tercer acto. También advierte del peligro de no establecerla historia en los primeros 10 o 15 minutos delguión, con riesgo de que el público se confunda. En esos casos hay que compensar haciendo algo diferente. Según Tom Abrams el drama consiste en el conflicto creado entre la persona que quiere algo, que intenta conseguirlo y que se encuentra con obstáculos, que frecuentemente son otras personas.

Un enfoque distinto es centrarse en una parte del guión en vez de en el todo. Es lo que hacen autores ya nombrados y otros distintos para explicar determinados aspectos en profundidad. Siguiendo con los ejemplos anteriores, bien está retomar a Linda Seger, esta vez con su libro *Cómo crear personajes inolvidables. Guía práctica para el desarrollo de personajes en televisión, publicidad, novelas y narraciones cortas* (2000). Este libro se centra en los personajes y transmite la información deque todo personaje debe ser coherente. Es decir, tener un tipo de personalidad interna que defina quiénes y anticipe cómo actuará. Si se desviarade esa esencia, podría resultar inverosímil.Sin embargo, el personaje se hace imprevisible a su vez mediante las paradojas y las emociones, actitudes y valores de él. Sobre su psicología indica que el inconsciente se manifiesta en los personajes a travésdel comportamiento, los gestos y la forma de hablar. Además, todos esos instintos e intenciones que los personajes no conocen deben influir en todo lo que hagan y digan.

Cada personaje tiene cualidades que contrastan con las del resto de personajes. Sobre los personajes secundarios, según Linda Segerpueden desempeñar diversas funciones en un guión, entre ellas participar en la definición del papel del protagonista, transmitir el tema principal de la obra y contribuir al desarrollo de la historia. Otro asunto que aclara es que los diálogos se componen de tiempos y ritmos.Tienden a ser breves y concisos, representan un intercambio constante de poder entre los personajes, revelan su esencia y son fáciles de leer. Además, explica del subtexto que es lo que el personaje dice entre líneas,representando todos los instintos y propósitos subyacentes que no resultan obvios pero al lector sí.

También sobre personajes escriben múltiples autores en *El personaje en el cine. Del papel a la pantalla* (2007), editado por Pedro Sangro Colón y Miguel Ángel Huerta Floriano. Según Alfredo Caminos los personajes están en la historia para evolucionar, cambiar y transformarse, otorgándoles una dimensión humana. Concreta que el arco de transformación en la escritura de guión es la respuesta a la siguiente ecuación: lo que el personaje quiere (externamente) yporqué lo quiere más lo que el personaje necesita (internamente) y porqué lo necesita. En esa travesía por el relato se produce la mutación hacia un estadio diferente al inicial. Por su parte David Muñoz aclara queel antagonista y el protagonista deben perseguir sus objetivos con idéntica intensidad. La tensión dramática surge siempre del enfrentamiento entre opuestos.

Los mismos editores se centran con otros autores en la estructura del guión en la obra *Guión de ficción en cine. Planteamiento, nudo y desenlace* (2006). Ahí, Antonio Sánchez-Escalonilla un guión cinematográfico no es una sola historia, sino una narración donde coinciden diversas historias desarrolladas en paralelo que interfieren entre sí relevándose o reforzándose de tal forma que en un guión nuncahay un solo conflicto sino uno por cada historia.Según Pedro Sangro Colón la fórmula de la comedia es: Comedia = Conflicto + Distancia (Espacialo Temporal. La distancia es así la ventaja que sitúa a los espectadores en una posición de superioridad con respecto a los personajes que están sufriendo.

4. Aportes de internet: videotutoriales

Se ha tratado cómo es el guión pero, como se indicó en la introducción, no es el objeto principal de este texto. Sin embargo, ha servido para entender y contextualizar mejor las diferentes formas que tiene alguien de aprender a escribir guiones audiovisuales. La primera son los manuales y otro tipo de libros, algunos nombrados antes, pero lo interesante es la incorporación de internet, ya que es en lo que pone su foco el *II Congreso Internacional Comunicación y Pensamiento. Internet y redes sociales: nuevas libertades, nuevas esclavitudes*.

De esta forma se encuentran algunas formas que se han estandarizado adaptando a los medios digitales las posibilidades previas de enseñanza. Para no abarcar demasiado y poder centrar la investigación de forma práctica, se han restringido los métodos de enseñanza a algunos muy usados. En primer lugar cabe destacar el videotutorial. Se trata de una explicación que, en vez de ser proporcionada mediante un texto escrito o ilustraciones estáticas e impresas, se transmite de forma audiovisual aprovechando la facilidad que proporciona internet para la distribución de un contenido así.

Hay múltiples plataformas para ver videotutoriales (o para publicar uno grabado), pero la más conocida es *Youtube*, portal de vídeos con gran éxito internacional.

Por limitaciones idiomáticas de la investigación se exponen ejemplos en español e inglés, pero existen en una gran diversidad de idiomas. Algunos intentan abarcar en poco tiempo una explicación ligera de un guión, siendo el caso de*Cómo escribir un Guión Cinematográfico* (2012)de ZEPfilms, que explica la composición de una página de guión. También los hay que crean listas de reproducción (conjunto ordenado de vídeos, generalmente con algún motivo en común), como la lista *Curso Cómo escribir un Guión de Cine*de RunbenGuo, la lista *openSpace - courselecturesfromUniversityCollege Falmouth* de UniversityCollege Falmouth y la lista de reproducción *Screenwriting*de RocketJump Film School entre otras que de esta forma abarcan de forma más completa este ámbito y no se limitan a un pequeño nicho de información.Los hay que igualmente hacen varios vídeos para mostrar parte de la explicación de escribir guiones sin ponerlos en una lista de reproducción. Es el caso de *How To Format A Screenplay - 5 Basic Elements: FRIDAY 101* (2013) y *Advanced Screenplay Formatting Tips: FRIDAY 101* (2013) de Indy Mogul.

Otrostratan aspectos concretos de los guiones, como Escuelacine.com en el vídeo *Tutorial de Escritura de Guión Cinematográfico - El Conflicto en la historia - Escribir guiones* (2014)que trata el conflicto en la narrativa. Los hay que se fijan en películas u otro tipo de obras audiovisuales y extraen datos de ellas como los vídeos del usuario LessonsfromtheScreenplay, por ejemploanaliza en el vídeo *The Social Network — Sorkin, estructura, y colaboración* (2017) el guión de *La red social* (2010) para ver cómo utiliza el diálogo, la estructura y la colaboración del guionista con el director. Y en el vídeo *Bastardos Sin Gloria — Los Elementos del Suspenso.* (2017) examina la secuencia de introducción de *Malditos bastardos* (2009) para desentrañar cómo se consigue el suspenso ahí.

También hay quiénes ofrecen consejos propios, por ejemplo el guionista David Hidalgo Moreno en *5 trucos para crear un buen guión de cine - Vlog 09* (2014), y quiénes reproducen consejos ajenos como Escuelacine.com con *22 Consejos de Pixar para escribir un guión de cine* (2015) y *22 Consejos de Pixar para escribir un guión de cine - Parte 2* (2015). Algunos prefieren enfocarse en aspectos tecnológicos, especialmente en el uso de determinados programas informáticos. Es lo que hace Cine Hormiga en *Cómo Escribir Un Guión Sin La Ayuda De Final Draft | Microsoft Word Tutorial* (2015) que explica a usar Word (procesador de texto) a modo de Final Draft (programa que ofrece de forma cómoda y precisa el formato de escritura de guión). También expertvillage aprovecha su vídeo *Celtx Free Screenwriting Software Tutorials: FormatYour Script in CeltxScreenplay Editor* (2008) para explicar cómo funciona el programa Celtx, que al igual que Final Draft sirve para la facilitar escribir en el formato de guión.

Algo en común a todos los ejemplos es su corta duración, haciendo de la síntesis su principal ventaja. Al ser visual y no solo verbal se pueden ahorrar descripciones y mostrarlas, además de comunicar una información e indicar otra distinta con carteles o subtítulos. Algunos vídeos tienen publicidad, pero todos ellos son gratuitos para el receptor, al menos de forma directa, en esta plataforma digital.

5. Aportes de internet: cursos especializados

El videotutorial es una manifestación moderna con tintes innovadores de los tradicionales manuales combinados parcialmente con documentales (en algunos casos). Con unos objetivos distintos, hay otras formas de aprender a escribir guiones cuyas influencias son también evidentes. Es el caso de los cursos especializados, que muchas empresas públicas y privadas ofertan a cambio de dinero de manera presencial y algunas también *online*.Además las hayque combinan ambas manifestaciones. Se procede por tanto a analizar ejemplos de programas de cursos ofertados a través de internet para comprobar cómo son.

Empezando por el *Taller de guiones* de Carmen Posadas, se puede ver cómo es un curso. En este caso dura 55 horas y se hace *online* con tutor personal. Promete un método interesante y ameno, que acompañe al alumno desde los primeros esbozos de un guión le ofrezca los últimos consejos y recomendaciones. Para ello explica la composición de los guiones, su estructura, el tratamiento las partes una a una, el diseño y la presentación de personajes, la creación de una atmósfera, el desarrollo de los diálogos, el tiempo y la musicalidad del texto, utilizando para aprender todo esto elementos multimedia.

También hay cursos como el ofrece la Universidad San Jorge con su escuela CPA Online, que ofrece una titulación propia con un curso dividido en 11 unidades que permite además montar un proyecto audiovisual, incluyendo el rodaje y no solo el guión. Todo en 125 horas. Hay otros cursos como el de Escritores.org que por 3 meses (y 66 € mensuales) indican que enseñan a escribir un guión de un cortometraje partiendo de una situación y a definir su proceso en fases (sinopsis, argumento, escaleta y el guión en sí) con profesores haciendo una evaluación permanente.

Por otro lado, el curso de Nucine (Escuela de Cine | Escuela de Actores y Actrices) es completamente *online* y por 335-355 € enseña durante 4 meses mediante un método muy concreto. Cada dos semanas aproximadamente entregan material de estudio teórico basado en lecciones o fragmentos de largometrajes analizados y comentados por el profesor. En cada entrega, además, proponen así mismo un ejercicio dirigido a asimilar correctamente los conocimientos adquiridos.

También hay cursos gratuitos, como algunos de los que ofrecen Abcguionistas, por ejemplo la Máster-Class*online* gratuita "*Qué debes saber sobre Diálogos antes de dialogar*"que Valentín Fernández-Tubau hizo el 15 de Junio de 2017, como preludio al Curso Oficial *Online* de especialización "*Los Diálogos en el Guion*".

No solo hay cursos españoles. Ejemplos fuera del país hay muchos, como los cursos *online* que ofrece New York Film Academy y que duran 15 semanas y que se centran en partes del trabajo diferenciadas según cada curso, como historia y estructura, reescritura (para cine y para televisión)... O el curso que la School of Literature, Drama and CreativeWriting, perteneciente aUniversity of East Anglia, ofrece en FutureLearn, que es gratuito (o por 59 € con ventajas que incluyen un certificado) y dura 2 semanas divididas en 3 horas por semana para enseñar lo básico que hay que conocer para tener nociones para escribir un guión audiovisual de la mano de Michael Lengsfield.

ScreenwritersUniversity oferta por su parte un extenso catálogo de cursos, como "*Ten WeekstoYourFeature Film*" que cuesta 499.99$ y se propone con el profesor Paul Peditto desarrollar una buena premisa, usar los géneros, escribir un tratamiento, etc. O su curso "*Advanced Film Rewriting-Workshop*", que con la docencia de SusanKouguell se centra en la reescritura de guiones y exige un pago de 599.99$. Entre sus cursos hay otros de diferentes especializaciones de guión como "*WriteYour Drama Pilot in SixWeeks*", "*21 DaystoYourScreenplayTreatment*", "*Introductionto-Playwriting*" y "*ConstructCompellingCharacters*".

Centros como UCLA School of Theater, Film and Televisióntambién posee cursos como el de guión, que durante 8 meses (por 5,500 $) con clases de 3 horas de Lunes a Jueves introduce a los conceptos de historia y estructura, se escribe un guión y más con el seguimiento y las clases de varios profesores. Como contrapartida en la forma de enseñar en un curso, UniversityCollege Falmouth permite en su plataforma openSpace ver a todo el mundo gratis sus materiales de enseñanza, con vídeos, recomendaciones de lectura y ejercicios divididos en lecciones semanales.GothamWriters también se apunta a los cursos con algunos variados en duración y precio entre las 10 semanas y la clase intensiva de un día. Divididos por niveles y organizados.

En resumen, hay cursos gratuitos aunque la mayoría son de pago. A diferencia del videotutorial que se puede ver en cualquier momento, los cursos optan por una duración concreta con un/a profesor/a o varios y metodología variada, que incluye también videotutoriales como un medio fundamental para transmitir información.

6. Sistema universitario

También existe el programa más académico, el universitario. Cada universidad tiene su propio programa para formar a sus alumnos como escritores de guiones audiovisuales. Tanto en Grado como en Máster en el caso de Europa, ofrece un precio de matrícula que depende del centro y de su zona. Por ejemplo, la Facultad de Comunicación de la Universidad de Sevilla oferta 4 años de "Grado en Comunicación Audiovisual" y un año de "Máster Universitario en Guión, Narrativa y Creatividad Audiovisual" en el que Forman en las técnicas teóricas y prácticas sobre la escritura de guiones en diversos medios (televisión, cine, radio, cómic y multimedia). También habilitan en el análisis de guiones escritos e incluso realizados en producciones audiovisuales y Capacitan para el desarrollo, presentación y defensa de cualquier proyecto de guión.

De forma general, el sistema universitario es el más completo, porque abarca todas las reglas del guión con una gran cantidad de ejemplos y además le añade una capa de cultura cinematográfica mayor que la de las modalidades anteriores, lo cual por lo general beneficia posteriormente a una posible mejor calidad de los guiones de los aprendices.

Si bien en el campo de los guiones audiovisuales la valoración de las obras y su estudio, así como su escritura, tienen un fuerte componente subjetivo, no es menos cierto que, como se ha comprobado durante buena parte de este artículo hay una serie de patrones que se repiten entre ellos o, al menos, una serie de técnicas que se han estandarizado para dar lugar al formato de guión y a su contenido. Todo ese conocimiento se transmite por las vías ya nombradas y otras que también existen, cada una con sus ventajas y particularidades.

La única vía que enseña todo, o al menos da la visión más extensa del panorama, es la universitaria en contraste con las anteriores.

7. Conclusiones

Hay multitud de formas de aprender a escribir guiones y todas ofrecen matices diferentes. Los manuales son de todo tipo. Los videotutoriales ofrecen gratuitamente conocimiento sintetizado y lo hacen de múltiples materias en diferentes formas (consejos, tutoriales para manejar un programa informático, explicaciones de conceptos teóricos...). Los cursos, que pueden incluir videotutoriales, son en su mayoría de pago (con algunas excepciones) y se explayan en la explicación de cómo y por qué escribir guiones, algunos durante varias horas y otros durante meses, con profesorado y profesionales especializados realizando un fundamental seguimiento.

La universidad exige mucha más dedicación tanto en intensidad como en duración temporal, y a cambio ofrece una formación no solo del guión (o de elaborar un producto audiovisual), sino de cultura complementaria como la historia del cine, la psicología y sociología adaptadas a la especialidad audiovisual, la diferencia en multitud de ámbitos del panorama audiovisual entre países y regiones, la forma de afrontar cada formato e incluso la creación de nuevos formatos.

En resumen, ninguna forma es mejor que la otra de por sí, todo depende de lo que quiera abarcar el guionista. Por supuesto, conocer todo lo que enseñan es una parte importante, pero lo que realmente dará valor al guionista para diferenciarse de sus competidores y/o colaboradores es su creatividad para narrar y su eficiencia para solucionar problemas.

8. Bibliografía

- Steele, A., 2014. Escribir cine. Guía práctica para guionistas de la famosa escuela de escritores de Nueva York. Primera edición. Barcelona: ALBA.

- Luna, A.,2000. Matad al guionista… y acabaréis con el cine. Primera edición. Madrid: Nuer Ediciones.

- Snyder, B., 2010: ¡Salva al gato! El libro definitivo para la creación de un guión. Primera edición. Barcelona: ALBA.

- Aranda, D. y de Felipe, F., 2006. Guión audiovisual. Primera edición. Barcelona: UOC.

- Seger, L., 2000. Cómo crear personajes inolvidables. Guía práctica para el desarrollo de personajes en televisión, publicidad, novelas y narraciones cortas. Primera edición. Cuarta impresión. Barcelona: Paidós Comunicaciones.

- Seger, L., 1991. Cómo convertir un buen guión en un guión excelente.Décima edición. Madrid: Ediciones Rialp.

- Vilches, L. (comp.), 1998. Taller de escritura para cine. Primera edición.Barcelona: Editorial Gedisa.

- Sangro Colón, P. y Huerta Floriano, M. A. (eds.), 2007. El personaje en el cine. Del papel a la pantalla.Primera edición. Madrid: Calamar Ediciones.

- Sangro Colón, P. y Huerta Floriano, M. A.(eds.), 2006. Guión de ficción en cine. Planteamiento, nudo y desenlace.Primera edición. Salamanca: Publicaciones Universidad Pontificia de Salamanca.

- Parker, P., 2010. Cómo escribir el guión perfecto.Primera edición. Barcelona:Ma Non Troppo.

- McKee, R., 2002.El guión: sustancia, estructura, estilo y principios de la escritura de guiones.Octava edición. Barcelona: ALBA.

- Posadas, C / Posadas, G, 2016. Taller de Guión yoquieroescribir.com. Web. Fecha de consulta: 12 Septiembre 2016. (http://www.yoquieroescribir.com/taller-guiones).

- Val, C, 2016. Curso de Guión. Web. Fecha de consulta: 12 Agosto 2016. (http://www.formacionaudiovisual.com/curso-guion).

- Márquez, A, 2016. Curso online "Taller de Escritores". Web. Fecha de consulta: 10 Octubre 2016. (https://www.escritores.org/curso/-guion).

- Selinger, V, 2016. Curso de Guion Cinematográfico y para Televisión. Web. Fecha de consulta: 14 Octubre 2016. (http://www.nucine.com/cursos_online/guion_cinematografico_television).

- Fernández-Tubau, V, 2017. Curso de Fundamentos de Guión. Web. Fecha de consulta: 05Junio 2017. (http://www.abcguionistas.com/noticias/novedades/master-class-online-gratuita-sobre-dialogos.html).

- Gamboa, D, 2014. Curso de Guion Cinematográfico y para Televisión. Video. Fecha de consulta: 15 Septiembre 2016. (https://www.youtube.com/playlist?list=PLTv3k0eYRDWz-z0Ugcypvr65Ahx62pmn4C).

- Cayuela, R, 2015. Cómo Escribir Un Guión Sin La Ayuda De Final Draft. Video. Fecha de consulta: 15 Octubre 2016. (https://www.youtube.com/watch?v=lXjA2uyfSw4).

- Ortiz, N, 2012. Cómo escribir un Guión Cinematográfico. Video. Fecha de consulta: 15 Octubre 2016. (https://www.youtube.com/watch?v=PDPxbjgySK4).

- Hidalgo, D, 2014. 5 trucos para crear un buen guión de cine. Video. Fecha de consulta: 15 Agosto 2016. (https://www.youtube.com/watch?v=ohOjTIx8DLA).

- Guo, R, 2014. Curso Cómo escribir un Guión de Cine. Video. Fecha de consulta: 15 Septiembre 2016. (https://www.youtube.com/playlist?list=PLCBQA-saMgZdmWBH3rKrzYmbwLOQOn3n6).

- New York Film Academy, 2016. Feature Writing, Television Writing, or Comic Book Writing. Web. Fecha de consulta: 17

Septiembre 2016. (https://www.nyfa.edu/online-screenwriting/)

- Screenwriters University, 2016. An Introduction to Screenwriting. Web. Fecha de consulta: 17 Octubre 2016. (https://www.screenwritersuniversity.com/catalog).

- UCLA, 2016. Professional program in Screenwriting. Web. Fecha de consulta: 17 Octubre 2016. (http://www.tft.ucla.edu/programs/professional-programs/online-screenwriting/).

- Filmmakeriq, 2016. Free Complete Course in Screenwriting. Web. Fecha de consulta: 18 Octubre 2016. (http://filmmakeriq.com/2011/03/free-complete-screenwriting-course-from-university-college-falmouth/).

- GothamWriters,2016. Screenwriting. Web. Fecha de consulta: 18 Septiembre 2016. (https://www.writingclasses.com/classes/description/screenwriting).

- Lessons from the Screenplay, 2016. Lessons from the Screenplay. Videos. Fecha de consulta: 19 Marzo 2017. (https://www.youtube.com/channel/UCErSSa3CaP_GJxmFpdjG9Jw/videos).

- Haseanuer,R, 2013. Advanced Screenplay Formatting Tips : FRIDAY 101. Video. Fecha de consulta: 19 Septiembre 2016. (https://www.youtube.com/watch?v=403el1Tzk8E&feature=youtu.be).

- Haseanuer, R, 2013. How To Format A Screenplay - 5 Basic Elements : FRIDAY 101. Video. Fecha de consulta: 19 Septiembre 2016. (https://www.youtube.com/watch?v=XZszextv6yE&feature=youtu.be).

- Falmouth University, 2010. Introduction to Writing. Videos. Fecha de consulta: 20 Octubre 2016. (https://www.youtube.com/playlist?list=PL0F8C79F304484CB1).

- Noah, D, 2008. Format your script in Celtx Screenplay Editor. Video. Fecha de consulta: 20 Agosto 2016. (https://www.youtube.com/watch?v=UviVPD_YRZg).

- RocketJump Film School, 2015. Screenwriting. Videos. Fecha de consulta: 22 Septiembre 2016. (https://www.youtube.com/playlist?list=PLw_JAmvzR_MDByGXOboHOJ8TXhcShp-TA).

CAPÍTULO III

NUEVOS ENFOQUES DE LA INVESTIGACIÓN SOBRE CREDIBILIDAD EN REDES Y MEDIOS SOCIALES

Anselmo Lucio

Desde la creación del proyecto *Web Credibility Research* en la universidad californiana de Stanford en 1998 se han sucedido numerosos estudios sobre credibilidad en todo lo relacionado con el ciberespacio. Internet ha cambiado mucho en veinte años, desde la Web 1.0 unidireccional al *internet social* actual, caracterizado por ser un medio de comunicación horizontal más que de información gracias a las plataformas y aplicaciones móviles aparecidas en la última década (Facebook, YouTube, Twitter o WhatsApp, entre otras).

El objeto de este artículo es dar un repaso a la actividad investigadora sobre evaluación de la credibilidad en internet durante los últimos diez años aproximadamente, desde que la red se ha convertido en totalmente móvil y el teléfono inteligente está desplazando al ordenador como dispositivo principal de comunicación *online*.

En este escenario, la actividad investigadora sobre credibilidad tiene nuevos retos y enfoques, pero también mejores herramientas de analítica, software avanzado en tratamiento de datos, nuevas técnicas basadas en algoritmos y otros recursos.

Ahora son objeto de estudio temas como la influencia de la interacción social en la credibilidad de los usuarios de Twitter y otras redes sociales; la importancia de la capacitación tecnológica o alfabetización digital para poder realizar acertados juicios de credibilidad *online*, o la credibilidad en el internet colaborativo de los servicios de alojamiento turístico, transporte o foros de autoayuda.

1. Introducción

Desde el lanzamiento del proyecto *Web Credibility Research* en la Universidad de Stanford (California) en 1998 se han sucedido centenares de estudios sobre credibilidad en todo lo relacionado con el ciberespacio. Internet ha cambiado mucho en veinte años, desde la Web 1.0 unidireccional y la Web 2.0 interactiva hasta la aparición en la última década de plataformas y aplicaciones móviles como Facebook, YouTube o Twitter; bases de datos, inteligencia artificial y la expansión de la red a prácticamente todas las actividades económicas, políticas, sociales y culturales; lo que se conoce como la Web 3.0.

Aunque hoy parece que Google ha existido siempre, en realidad el buscador y gigante tecnológico norteamericano apenas tiene 19 años. Facebook surgió en 2004 como un sitio para comunicarse entre amigos que se expandió rápidamente por todo el mundo; era una plataforma totalmente independiente de Google, que enseguida contraatacó lanzando YouTube en febrero de 2005. Y un año después, en 2006, llegó Twitter, una compañía a mitad de camino entre red social y medio de comunicación.

En la última década, estas cuatro plataformas (Google, Facebook, YouTube y Twitter) han transformado internet en un gigantesco medio de interacción y comunicación social, y han desembarcado en el escenario mediático mundial imponiendo sus propias reglas. En segundo plano estarían empresas tecnológicas como eBay, Amazon, GMail, Instagram o WhatsApp, entre muchas otras que constituyen la *internet social*.

2. Objetivos y metodología

Este trabajo pretende ofrecer una panorámica de la actividad investigadora sobre credibilidad en internet durante la última década.

La metodología usada es cualitativa-descriptiva y aprovecha el trabajo exploratorio y la documentación recopilada durante la realización del proyecto de tesis doctoral del autor sobre *Credibilidad en la comunicación digital*, investigación dirigida por el profesor Francisco Javier Ruiz San Miguel del departamento de Comunicación Audiovisual y Publicidad de la Universidad de Málaga.

En total se han revisado medio centenar de artículos de investigación sobre credibilidad en internet seleccionados entre las referencias examinadas durante el proceso de elaboración de la tesis.

3. Antecedentes de la investigación sobre credibilidad en internet

Desde los años cincuenta del siglo pasado la credibilidad de los medios de comunicación ha ocupado miles de páginas de artículos académicos. Normalmente, esas investigaciones versaban sobre la credibilidad de la fuente de información, del mensaje periodístico o del medio de comunicación. La motivación de las mismas estaba relacionada con la eficacia de la comunicación de los políticos, la publicidad, la influencia o la persuasión.

Con la adopción generalizada de internet a mediados de los años noventa los investigadores se dieron cuenta de que no se podía estudiar la credibilidad *online* con las mismas teorías y técnicas que se aplicaban a los medios tradicionales.

Mirian J. Metzger, de la Universidad de California y una de las personas que cuenta con más trabajos sobre la materia, señala en un artículo colectivo de 2003 que "quizás la diferencia más significativa de la comunicación *online* con la investigación tradicional de la credibilidad es la posibilidad de separar completamente el mensaje de la fuente" (Metzger, Flanagin, Eyal, Lemus, & McCann, 2003).

Estos expertos constataron en su artículo *Credibility for the 21st century: Integrating perspectives on source, message, and media credibility in the contemporary media environment* que "las características únicas del entorno *online* cambian fundamentalmente la forma en que se evalúa la credibilidad *online*".

La investigación de referencia en la primera década de internet (1998-2007 aproximadamente) empleó dos métodos principales para medir la credibilidad en la web: valoraciones de usuarios y evaluaciones mediante programas y algoritmos informáticos.

Para analizar los juicios de credibilidad de los internautas se adoptaron enfoques tales como listas de comprobación, cognitivo, de prominencia-interpretación de los factores, contextual, centrado en la motivación y el social-heurístico.

Por lo que respecta a la calificación de credibilidad mediante ordenadores se utilizaron indicadores visuales que muestran una puntuación de diferentes características del sitio web; programas de sellos de confianza, sistemas de calificación de credibilidad que usan evaluaciones proporcionadas por expertos y usuarios, firmas digitales, filtrado colaborativo y revisión por pares, entre otros enfoques.

Las investigaciones se centraban fundamentalmente en la credibilidad de la fuente, la credibilidad del mensaje y la credibilidad del medio, incluida la comparación de la credibilidad de los medios de comunicación tradicionales con blogs y periódicos digitales (para lo que se sopesaban elementos tales como la confianza, la calidad de las fuentes informativas o la autoridad).

Se puede consultar una lista de artículos de estos primeros años de investigación sobre la credibilidad en internet en la siguiente página del proyecto Stanford Web Credibility Research:

http://credibility.stanford.edu/credlit.html (Lab, 2004).

4. Internet social: nuevos enfoques en la investigación sobre credibilidad

En la última década (2007-actualidad) el *internet social* ha impregnado todas las esferas de nuestra vida: almacenamiento y computación en la nube, teléfonos inteligentes, aplicaciones móviles, transformación digital de los procesos productivos, desarrollo geométrico del comercio electrónico, administración digital, aprendizaje automático, popularización de la retransmisión en directo de acontecimientos por vídeo, nuevas herramientas para la obtención de datos y analítica web, coches conectados a la red, monitoreo de las constantes vitales mediante pulseras y relojes inteligentes, etcétera.

Una de las características del cambio producido es que internet ha pasado de ser un medio de información más o menos vertical (periódicos digitales, blogs, foros y redes sociales anclados en el navegador del ordenador de casa o la oficina) a ser un medio de comunicación horizontal e interpersonal como consecuencia del procesamiento en la nube, las aplicaciones y los dispositivos móviles. Se trataría de una Web 2.0 mejorada o Web 3.0.

Según Wikipedia, por Web 3.0 se entiende:

> La web que facilita la accesibilidad de las personas a la información, sin depender de qué dispositivo use para el acceso a ella, una web con la que interactuar para conseguir resultados más allá del hecho de compartir "información", que esta información sea compartida por cada persona de una forma inteligible y de provecho para ella y sus necesidades en cada circunstancia, y que, además, está diseñada bajo parámetros de rendimiento eficiente, optimizando los tiempos de respuesta, optimizando los consumos energéticos globales del sistema, optimizando las exigencias técnicas y tecnológicas, optimizando los conocimientos y capacidades que se requiera al usuario ya que es una web más intuitiva, humanizada,... Una web enfocada al bien común, a la integración universal de las personas y ser herramienta para el desarrollo sostenible ("Web 3.0," 2017).

Se ha pasado del internet informativo interactivo al internet de la comunicación personalizada y de "autoservicio", usando el término de R. David Lankes, profesor de la Universidad de Syracuse (Nueva York).

Todo indica que Lankes tenía razón cuando en 2008 describió *la gran paradoja de la desintermediación y la información autosuficiente,* porque cada vez se va menos a la agencia de viajes y al banco, y se hacen más estas gestiones directamente por internet, especialmente los jóvenes, sin más intermediarios que el dispositivo digital. Esta tendencia de hacer todo por internet (declaración de la renta, buscar empleo, dar un parte al seguro, comprar ropa) está impulsada por los evidentes ahorros de coste que suponen los sistemas de desintermediación e información autosuficiente para empresas y administraciones públicas.

En este contexto de "dramático aumento de las opciones de autoservicio", apunta Lankes, los usuarios de internet se ven en la necesidad de ser cada vez más responsables a la hora de buscar y facilitar información porque en la red desaparecen las referencias físicas, mientras que cada vez dependen más de la información proporcionada por otros y de su capacidad para manejar bien los dispositivos.

Este investigador sostiene en su relevante artículo *Trusting the Internet: New Approaches to Credibility Tools* que la mencionada paradoja se complica aún más por el hecho de que la gente es sencillamente incapaz de percibir cómo influye la tecnología en la percepción de credibilidad de una información. La investigación hasta la fecha coincide en que la tecnología tiene efectos sobre la credibilidad que a menudo son invisibles para el usuario final.

Lankes indica que la gente, y en particular los jóvenes, están abandonando los métodos tradicionales de autoridad y jerarquía para identificar la información creíble y los están sustituyendo por nuevas herramientas digitales y enfoques colaborativos o de red. Y añade que, lejos de ser un desarrollo negativo, estas formas de determinar la credibilidad pueden reflejar un enfoque más distribuido y abierto que en el pasado.

Asimismo, según este investigador, la investigación sobre credibilidad está cambiando el enfoque desde la autoridad y jerarquía hacia la fiabilidad o confianza; así como hacia las nuevas herramientas digitales de verificación, la interacción social y la alfabetización digital.

> Society may soon be at this inflection point in terms of how people, and particularly youth, identify credible information, abandoning traditional methods of determining credibility that are based on authority and hierarchy for digital tools and new network approaches. Far from being a negative development, new methods and tools for determining credibility may reflect a more distributed and open approach than in the past. Such an approach has important implications for how youth are educated, how policy is determined, and how future information systems are built (Lankes, 2008).

5. Desarrollo de nuevos programas y modelos para la medición de la credibilidad en medios digitales

5.1. Modelos de evaluación de la credibilidad

En la investigación *Making Sense of Credibility on the Web: Models for Evaluating Online Information and Recommendations for Future Research (2007)*, Mirian J. Metzger ofrece recomendaciones para la investigación de credibilidad en línea, la teoría y la práctica, y propone estrategias alternativas para ayudar a los usuarios a localizar información creíble en Internet.

De este artículo de revisión emergen varias conclusiones generales, entre las que destaca que los usuarios de internet como grupo no están dispuestos a hacer un gran esfuerzo para evaluar la credibilidad de la información que encuentran, así como que otorgan una ventaja al diseño del sitio web en sus evaluaciones de credibilidad. La recomendación más importante del trabajo académico es que cualquier esfuerzo para enseñar a considerar la credibilidad de la web debe ser realista sobre las expectativas de los usuarios y reconocer que la motivación es un factor clave en la voluntad de los usuarios de realizar un esfuerzo extenso para verificar la credibilidad de la información que encuentran *online*. (Metzger, 2007)

Existen varios artículos de revisión sobre técnicas de evaluación de la credibilidad en internet posteriores al de Metzger. En *The credibility of credibility measures: a meta-analysis in leading communication journals (2012)*, L. Hellmueller y D. Trilling hacen un repaso a la literatura académica disponible en el periodo 1951-2011. (Hellmueller, 2012)

Más recientemente, los profesores de la Universidad Malaya, de Kuala Lumpur, Asad Ali Shah, Sri Devi Ravana, Suraya Hamid y Maizatul Akmar Ismail han revisado más de un centenar de artículos sobre credibilidad en su obra *Web credibility assessment: affecting factors and assessment techniques (2015)*. Sus objetivos eran:

- Entender las percepciones de los usuarios sobre los juicios de credibilidad de la web y los problemas a los que se enfrentan

- Revisar y enumerar los factores utilizados en las diversas técnicas de juicio de credibilidad de la web

- Sugerir un modelo híbrido que aproveche diferentes técnicas de juicio de credibilidad

- Su trabajo (Shah & Ismail, 2015) podría resumirse en este esquema de las diferentes técnicas de evaluación de la credibilidad en la web:

Web Credibility Evaluation	Evalation Techniques using Humans	Checklist Approach
		Prominence-Interpretation of Factors
		Contextual Approach
		Cognitive Approach
		Motivation-Centered Approach
		Social and Heuristic Approach
	Evaluation Techniques using Computers	Scaffolding tool approach
		Credibility seal programs
		Digital signatures
		Machine learning
		Platform for Internet content selection
		Collaborative filtering and peer-review
		Semantic Web
		Visual cues approach
		Credibility ratings systems

Cuadro 1: Técnicas de evaluación de la credibilidad en la web (Fuente: http://www.informationr.net/ir/20-1/paper663.html)

Por otro lado, Brendan Spillane, un profesor del Trinity College de Dublin, ha publicado *online* en marzo de 2017 otro cuadro resumen con las técnicas más comunes de medición de credibilidad usadas en la investigación académica (https://www.scss.tcd.ie/~spillab/Credibility_Measures/).

Esta recopilación ofrece información sobre los autores y artículos de donde procede cada evaluación, el tipo de medición (por comparación, estructural, por componentes, semántica) y la clase de sitio web analizado en cada estudio académico: de noticias, entretenimiento, comercio electrónico, sanitario o medio social, entre otros (Spillane, 2017).

Los últimos enfoques académicos ponen en cuestión técnicas clásicas de la evaluación de la credibilidad *online*, como las listas de verificación y otras señales relacionadas con el diseño de la página o la interfaz de la aplicación, mientras que resaltan la importancia de los profesionales del periodismo a la hora de creer en una información, así como que el usuario tenga la adecuada formación o alfabetización digital.

En el libro 'Establishing and Evaluating Digital Ethos and Online Credibility' (2016) hay dos capítulos que van en esa dirección. El primer artículo es *No Shortcuts to Credibility Evaluation: The Importance of Expertise and Information Literacy*, de Jill R. Kavanaugh y Bartlomiej A. Lenart (Jill R. Kavanaugh, 2016).

Y el segundo texto es de Lluïsa Llamero, una investigadora de la Universidad Ramon Llull de Barcelona, que lleva por título *The Social Determinants in the Process of Credibility Assessment and the Influence of Topic Areas* (Llamero, 2016).

5.2. Web Semántica

La Web Semántica se fundamenta en la inclusión de metadatos y el empleo de lenguaje de ontología web para estructurar más el contenido de las páginas con el propósito de que los ordenadores entiendan mejor los contenidos *online* y así sea más fácil juzgar su credibilidad. Esas informaciones adicionales —que describen el contenido, el significado y la relación de los datos— se deben proporcionar de manera formal dentro del código para que sean evaluadas automáticamente por aplicaciones informáticas ("Web semántica," 2017).

6. Estudios sobre la credibilidad del usuario en la comunicación 'online'

6.1. Influencia de la identidad digital del usuario en la percepción de credibilidad

Algunos artículos han estudiado el efecto del avatar y la información del usuario en la percepción de credibilidad del texto y del propio autor en las redes sociales.

Al respecto están los estudios *Choose your "buddy icon" carefully: The influence of avatar androgyny, anthropomorphism and credibility in online interactions* (Nowak & Rauh, 2008); *The Effect of Avatar Perception on Attributions of Source and Text Credibility* (Rory McGloin & Flynn, 2009), y *The Credibility of Digital Identity Information on the Social Web - A User Study* (Rowe, 2010).

Otras investigaciones se refieren a los vínculos entre la credibilidad del blog y la identidad digital de su autor, como en el caso de *Blog Credibility: Examining the Influence of Author Information and Blog Reach* (Borah, 2015).

6.2. Influencia del lenguaje en la credibilidad de la fuente

Una de las preocupaciones clásicas de la literatura académica ha sido cómo averiguar la autenticidad de información procedente de fuentes anónimas. Para resolver este problema se ha demostrado eficaz el estudio del lenguaje que la envuelve, como da fe la investigación sobre sitios de comercio electrónico *Credibility of Anonymous Online Product Reviews: A Language Expectancy Perspective* (Matthew L. Jensen & Wright, 2013).

El mismo enfoque está siendo empleado en redes sociales, por ejemplo para determinar la credibilidad de una persona o una fuente en Twitter o Facebook a partir del análisis del uso y modalidad del lenguaje que ésta utiliza. Ver *Tweeting Facts, Facebooking Lives: The Influence of Language Use and Modality on Online Source Credibility* (Yilmaz & Quintero Johnson, 2016).

En la misma línea, hay estudios que abordan el impacto del lenguaje poco educado o vulgar en la credibilidad de quien lo emplea al relacionarse, publicar contenidos o comentar en medios sociales, como *Credibility in Context: How Uncivil Online Commentary Affects News Credibility* (Thorson, Vraga, & Ekdale, 2010) y *Estilo comunicativo súbito en Twitter: efectos sobre la credibilidad y la participación cívica* (Alvídrez & Rodríguez, 2016).

6.3. Efectos de la interacción social en la credibilidad del sujeto

El modo como los usuarios se relacionan en las redes sociales puede mejorar o empeorar su credibilidad: si crean fuertes lazos de dependencia con sus interlocutores serán bien percibidos y generarán confianza, pero también puede suceder todo lo contrario si publican comentarios irrespetuosos o insultan y acosan a menudo.

Un artículo que profundiza en la influencia de la interacción del sujeto sobre su credibilidad en los medios sociales es *Some like it lots: The influence of interactivity and reliance on credibility* (Johnson & Kaye, 2016).

Este estudio tiene cuatro propósitos principales: investigar el nivel de interactividad con 15 fuentes de información política, determinar el grado de dependencia de cada una de las fuentes, evaluar las percepciones de credibilidad y comparar la fuerza de la interactividad con la fuerza de la confianza en los juicios de credibilidad. Entre esas fuentes se incluyen sitios de redes sociales, Twitter y aplicaciones de dispositivos móviles.

Los encuestados interactúan y dependen de las fuentes moderadamente. Las calificaciones de credibilidad varían de moderadas a altamente creíbles.

Las principales conclusiones son dos:

- La dependencia predice la credibilidad en 14 de 15 fuentes, en comparación con la interacción, que solo la predice en 9 de 15 fuentes.

- La interacción con fuentes que son intrínsecamente colaborativas (por ejemplo, Twitter, medios sociales, radioaficionados) predice más fuertemente la credibilidad que con fuentes que son más "de origen a usuario" (periódicos *online*, CNN, sitios web políticos).

La actividad en Twitter ha atraído gran parte de la atención académica, desde su impacto en la credibilidad de los docentes a las consecuencias en la imagen pública de los periodistas. Sobre el primer caso se puede consultar *Twitter use and its effects on student perception of instructor credibility* (DeGroot & VanSlette, 2015).

Y por lo que respecta al periodismo, *Interacting Is Believing: Interactivity, Social Cue, and Perceptions of Journalistic Credibility on Twitter* (Jahng & Littau, 2016). Los resultados de un experimento mostraron que los participantes calificaron a los periodistas que eran altamente interactivos como más creíbles que aquellos que eran menos activos en los medios sociales.

7. Cómo juzgan los usuarios la credibilidad en la red

7.1. Heurística cognitiva

La profesora Miriam J. Metzger ha escrito varios artículos sobre el uso de heurísticos cognitivos por la gente (estereotipos, sesgos cognitivos, prejuicios) para evaluar a su manera la credibilidad de un sitio web, una información o una fuente. Una de sus aportaciones más recientes es *Psychological Approaches to Credibility Assessment Online* (Metzger & Flanagin, 2015).

Metzger también ha publicado *Social and Heuristic Approaches to Credibility Evaluation Online* (Miriam J. Metzger & Medders, 2010) y *Credibility and trust of information in online environments: The use of cognitive heuristics* (Metzger & Flanagin, 2013).

7.2. Percepción de credibilidad de los internautas

Según un estudio de Digital Content Next, una asociación de editores del Reino Unido, en 2016 casi la mitad de los usuarios (43 por ciento) afirmaban desconocer donde habían aparecido originalmente las historias que leían en las redes sociales (Moses, 2016).

El modo como los internautas evalúan la credibilidad de los contenidos y a los otros usuarios de la red ha motivado diferentes investigaciones.

Un enfoque muy común es tratar de averiguar qué criterios usan las personas para establecer la credibilidad de los blogs, como en *In blog we trust? Deciphering credibility of components of the internet among politically interested internet users* (Johnson & Kaye, 2009) y en *Blogs of Information: How Gender Cues and Individual Motivations Influence Perceptions of Credibility* (Armstrong & McAdams, 2009).

Los resultados de una investigación sobre la llamada *generación Y* (aproximadamente los nacidos entre mediados de los 70 y mediados de los 90 del siglo pasado), publicada en 2014 bajo el título *Trust Inducing Factors of Generation Y Blog-Users*, indican que la confianza de un lector de blogs se basa en juicios referidos a tres aspectos: el contenido, el diseño y la percepción sobre el bloguero o autor. Dentro de cada aspecto, los juicios tienen en cuenta varios criterios específicos:

- Los criterios relacionados con el contenido incluyen la autenticidad, la edición y la frecuencia de las entradas

- Los criterios relacionados con el diseño incluyen la estética, la organización y las cualidades de la imagen

- Y los criterios relacionados con la percepción del lector acerca del bloguero incluyen la experiencia/reputación percibidas y los motivos del bloguero para escribir.

Asimismo, el estudio también determina que "la velocidad de la navegación y la similitud entre el escritor del blog y el lector tienen efectos directos en la disposición de un lector de blogs a regresar; mientras que la información, la estética y la reputación influyen directamente en la voluntad de los lectores de recomendar el blog a otros" (Colucci & Cho, 2014).

También hay artículos que analizan cómo perciben la credibilidad de internet ciertos colectivos como los jóvenes universitarios; éste es el caso de *Communicating Authority Online: Perceptions and Interpretations of Internet Credibility among College Students* (Lackaff & Cheong, 2008).

En otro trabajo se abordan las percepciones de credibilidad que tienen los usuarios de medios sociales (buscadores, blogs, agregadores de noticias, foros, redes sociales) en Pakistán (Zulqarnain & Hassan, 2016).

El mundo académico también se ha esforzado en buscar herramientas que permitan a los usuarios evaluar la credibilidad en Twitter. En *Tweeting is believing?: understanding microblog credibility perceptions*, sus autores demuestran que los usuarios son muy limitados jueces de veracidad al basarse únicamente en el contenido; mientras que, en su lugar, son influenciables por la heurística, como el nombre del usuario, al hacer evaluaciones de credibilidad (Morris, Counts, Roseway, Hoff, & Schwarz, 2012).

8. Estudios sobre la credibilidad en la comunicación digital

8.1. Credibilidad en las redes y medios sociales

Con la adopción masiva de los servicios de mensajería instantánea y redes sociales como YouTube, Instagram, Twitter o Facebook, unido a la ubicuidad de su utilización gracias a los teléfonos inteligentes, internet se ha convertido en el gran medio de "autocomunicación de masas" que describió Manuel Castells en su artículo *Communication, Power and Counter-power in the Network Society* (Castells, 2007).

La red pasó de ser fundamentalmente un medio de información más o menos interactivo a ser un medio de comunicación personalizada y en este nuevo territorio se imponía la necesidad de evaluar la credibilidad de los interlocutores y de sus mensajes en los diferentes medios sociales y aplicaciones (web, móviles, tabletas).

Como señala David R. Lankes, la interacción social, la verificación y la alfabetización digital son las nuevas herramientas digitales de los usuarios para determinar la credibilidad en las redes sociales e internet en general (Lankes, 2008).

La investigación académica ha dedicado mucho esfuerzo en la última década a comparar la fiabilidad de los medios tradicionales con la de internet, y dentro del ciberespacio a averiguar qué interacciones daban más confianza y credibilidad a los usuarios. Se ha comparado el periodismo digital con la prensa y la televisión, y estos medios con los blogs, Twitter, Facebook y motores de búsqueda. Se puede consultar al respecto *News Media Credibility of the Internet and Television* (Davood Mehrabi & Ali, 2009).

En algunos trabajos, los usuarios consideraron que los blogs eran altamente creíbles, más incluso que las fuentes tradicionales, como en *Wag the Blog: How Reliance on Traditional Media and the Internet Influence Credibility Perceptions of Weblogs Among Blog Users* (Johnson & Kaye, 2004).

Otros artículos similares son *Assessing Credibility of Weblogs* (Rubin & Liddy, 2006) y *Credibility perceptions of different types of weblogs among young adults* (Qing & Oyedeji, 2011).

Aunque algunas encuestas decían que los norteamericanos confían más en Facebook y Twitter que en los medios de comunicación tradicionales (Wurzelbacher, 2010), la tendencia predominante es la contraria: que las redes sociales, y especialmente Twitter, son consideradas menos creíbles que los medios y blogs informativos. Esto se ve en *Information credibility on twitter* (Carlos Castillo & Poblete, 2011) y en *A Little Bird Told Me, So I Didn't Believe It: Twitter, Credibility, and Issue Perceptions* (Schmierbach & Oeldorf-Hirsch, 2012).

Por otra parte, un sondeo del Edelman Trust Barometer arrojó en 2013 un sorprendente resultado: los buscadores como Google, Yahoo! o Bing inspiraban tanta confianza a los encuestados como los medios de comunicación tradicionales y más que blogs, agregadores (Google News, Menéame, Flipboard) y redes sociales (McGee, 2013).

8.2. Credibilidad en el comercio electrónico

En el campo del comercio electrónico se han estudiado recientemente los sistemas de reputación que suelen acompañar la información de muchos productos y servicios en las webs de venta (como las típicas cinco estrellas para que el usuario califique); la influencia en la decisión de compra de las revisiones por iguales, la de los comentarios y la de las fotografías de presentación de productos. Un exponente de esta línea es la investigación *The Influence of Peer Reviews on Source Credibility and Purchase Intention* (Nowak & McGloin, 2014).

Otra actividad muy analizada son las páginas de intercambio de bienes de segunda mano, como por ejemplo eBay: *The effects of product photographs and reputation systems on consumer behavior and product cost on eBay* (Brandon Van Der Heide & Vang, 2013).

8.3. Credibilidad en la internet colaborativa

La web es interactiva por naturaleza e invita a la cooperación sin fronteras. Las plataformas colaborativas son sin duda uno de los avances culturales más revolucionarios y que abarcan los más diversos sectores, desde el conocimiento (las *wikis*), el activismo (Change.org, WikiLeaks) o los grupos de autoayuda de pacientes hasta el turismo (Airbnb) o el transporte (BlaBlaCar).

Uno de los ejemplos más brillantes es la enciclopedia Wikipedia, construida con el trabajo voluntario de expertos en todo tipo de materias y situados en cualquier lugar del planeta. Sin embargo, todavía hoy Wikipedia es muy criticada y ha estado sometida a estudios que contaban qué porcentaje de artículos contenían información errónea o incompleta. Otros investigadores han buscado la respuesta a por qué los usuarios de Wikipedia confían tanto en informaciones de fuente desconocida: *Trust in Wikipedia - How Users Trust Information from an Unknown Source* (Lucassen & Schraagen, 2010).

En el ámbito del activismo político, la web de recepción de filtraciones anónimas WikiLeaks ha sido un ejemplo espectacular de aprovechamiento del potencial colaborativo de la red, tanto que su eficacia ha hecho palidecer la credibilidad de los medios de comunicación. Se puede revisar al respecto el estudio de Lisa Lynch, de la Universidad de Concordia (Canadá), *WikiLeaks after MegaLeaks. The organization's impact on journalism and journalism studies* (Lynch, 2013).

Y en relación con la credibilidad de contenidos relacionados con temas de salud en foros de internet y grupos de autoayuda existen varios trabajos, como por ejemplo *Weak Tie Support Preference and Preferred Coping Styles as Predictors of Perceived Credibility Within Health-Related Computer-Mediated Support Groups* (Wright & Rains, 2014).

9. Conclusiones

La investigación sobre credibilidad está cambiando el enfoque de autoridad y jerarquía por el de fiabilidad o confianza, así como hacia las nuevas herramientas digitales de verificación, la interacción en redes sociales y la alfabetización digital.

Los artículos basados en la evaluación de contenidos, fuentes y medios por parte de internautas o con la ayuda de software van dejando paso a estudios sobre las interacciones sociales y la recomendación como nuevos instrumentos de medida de la credibilidad. Abundan los trabajos sobre credibilidad de los usuarios de Facebook y Twitter, los sitios de comercio electrónico y el nuevo mundo colaborativo y solidario de internet.

El usuario, que ahora posee su propia identidad virtual o *ethos digital*, es objeto de estudio desde un nuevo punto de vista para saber con qué criterios realiza los juicios de credibilidad en los medios sociales y en qué medida su avatar y demás información de su perfil influye en la percepción de credibilidad de sus interlocutores y lectores.

10. Referencias

- Alvídrez, S., & Rodríguez, O. F. (2016). Estilo comunicativo súbito en Twitter: efectos sobre la credibilidad y la participación cívica. *Comunicar: Revista Científica de Comunicación y Educación, 24*(47), 89–97. doi:10.3916/C47-2016-09

- Armstrong, C. L., & McAdams, M. J. (2009). Blogs of Information: How Gender Cues and Individual Motivations Influence Perceptions of Credibility. *Journal of Computer-Mediated Communication, 14*(3), 435–456. doi:10.1111/j.1083-6101.2009.01448.x

- Borah, P. (2015). Blog Credibility: Examining the Influence of Author Information and Blog Reach. *Atlantic Journal of Communication, 23*(5), 298–313. doi:10.1080/15456870.2015.1092740

- Brandon Van Der Heide, B. K. J., & Vang, M. H. (2013). The effects of product photographs and reputation systems on consumer behavior and product cost on eBay. *Computers in Human Behavior, 29*, 570–576. Retrieved from https://www.researchgate.net/profile/Brandon_Van_Der_Heid e/publication/256142397_The_effects_of_product_photograph s_and_reputation_systems_on_consumer_behavior_and_prod uct_cost_on_eBay/links/00b49521e09dc64240000000.pdf

- Carlos Castillo, M. M., & Poblete, B. (2011). Information Credibility on Twitter (pp. 675–684). Hyderabad, India: International World Wide Web Conference.

- Castells, M. (2007). Communication, Power and Counter-power in the Network Society. *International Journal of Communication, 1*, 238–266. Retrieved from http://ijoc.org/index.php/ijoc/article/view/46/35

- Colucci, C., & Cho, E. (2014). Trust Inducing Factors of Generation Y Blog-Users. *International Journal of Design, 8*(3), 113–122. Retrieved from http://www.ijdesign.org/ojs/index.php/IJDesign/article/view/1504/658

- Davood Mehrabi, M. A. H., & Ali, M. S. S. (2009). News Media Credibility of the Internet and Television. *European Journal of Social Sciences, 11*(1), 136–148. Retrieved from http://psasir.upm.edu.my/5622/1/European_Journal_of_Scientific_Research_11.1.151.pdf

- DeGroot, V. J. . Jocelyn M.; Young, & VanSlette, S. H. (2015). Twitter use and its effects on student perception of instructor credibility. *Applied Communication Studies Faculty Research, Scholarship, and Creative Activity, 1*. Retrieved from http://spark.siue.edu/cgi/viewcontent.cgi?article=1000&context=speech_fac

- Hellmueller, D. L.; Trilling. (2012). The credibility of credibility measures: a meta-analysis in leading communication journals, 1951 to 2011. *WAPOR Hong Kong 2012: paper presentation.* Retrieved from https://pure.uva.nl/ws/files/1362753/164537_VD_3.pdf

- Jahng, M. R., & Littau, J. (2016). Interacting Is Believing: Interactivity, Social Cue, and Perceptions of Journalistic Credibility on Twitter. *Journalism & Mass Communication Quarterly, 93*(1), 38–58. doi:10.1177/1077699015606680

- Jill R. Kavanaugh, B. A. L. (2016). Establishing and Evaluating Digital Ethos and Online Credibility. In S. A. Moe Folk (Ed.), Advances in Linguistics and Communication Studies (ALCS) (pp. 22–45). Hershey PA, USA: IGI Global. doi:10.4018/978-1-5225-1072-7.ch002

- Johnson, T. J., & Kaye, B. K. (2004). Wag the Blog: How Reliance on Traditional Media and the Internet Influence Credibility Perceptions of Weblogs Among Blog Users.

Journalism and Mass Communication Quarterly, 81(3), 622–642. Retrieved from http://www.aejmc.org/home/wp-content/uploads/2012/09/Journalism-Mass-Communication-Quarterly-2004-Johnson-Kay-622-642.pdf

- Johnson, T. J., & Kaye, B. K. (2009). In blog we trust? Deciphering credibility of components of the internet among politically interested internet users. *Computers in Human Behavior, 25,* 175–182. doi:10.1016/j.chb.2008.08.004

- Johnson, T. J., & Kaye, B. K. (2016). Some like it lots: The influence of interactivity and reliance on credibility. *Computers in Human Behavior, 61,* 136–145. doi:10.1016/j.chb.2016.03.012

- Lab, S. P. T. (Ed.). (2004). Stanford Web Credibility Research. Stanford University. Retrieved from http://credibility.stanford.edu/credlit.html

- Lackaff, D., & Cheong, P. H. (2008). Communicating Authority Online: Perceptions and Interpretations of Internet Credibility among College Students. *The Open Communication Journal, 2,* 143–155. Retrieved from https://benthamopen.com/contents/pdf/TOCOMMJ/TOCOMMJ-2-143.pdf

- Lankes, R. D. (2008). Digital Media, Youth, and Credibility. In M. J. Metzger & A. J. Flanagin (Eds.), The John D. and Catherine T. MacArthur Foundation Series on Digital Media and Learning (pp. 101–122). Cambridge, MA: The MIT Press. Retrieved from http://www.ashforddocs.com/150203-HHS440/W-02/Article-04.pdf

- Llamero, L. (2016). Establishing and Evaluating Digital Ethos and Online Credibility. In S. A. Moe Folk (Ed.), Advances in Linguistics and Communication Studies (ALCS) (pp. 121–141). Hershey PA, USA: IGI Global. doi:10.4018/978-1-5225-1072-7.ch007

- Lucassen, T., & Schraagen, J. M. (2010). Trust in Wikipedia - How Users Trust Information from an Unknown Source (pp. 19–26). WICOW. Retrieved from http://wwwconference.org/proceedings/www2010/wicow/p19.pdf

- Lynch, L. (2013). Wikileaks After Megaleaks. *Digital Journalism, 1*(3), 314–334. doi:10.1080/21670811.2013.816544

- Matthew L. Jensen, Z. Z. Joshua M. Averbeck, & Wright, K. B. (2013). Credibility of Anonymous Online Product Reviews: A Language Expectancy Perspective. *Journal of Management Information Systems, 30*(1), 293–323. doi:10.2753/MIS0742-1222300109

- McGee, M. (2013). *Search Engines More Trusted Than Social Media For News & Information [Study]. Search Engine Land.* Retrieved from http://searchengineland.com/search-engines-more-trusted-than-social-media-for-news-information-study-148914

- Metzger, M. J. (2007). Making sense of credibility on the Web: Models for evaluating online information and recommendations for future research. *Journal of the American Society for Information Science and Technology, 58*, 2078–2091. Retrieved from https://www.academia.edu/2412950/Making_sense_of_credibility_on_the_Web_Models_for_evaluating_online_information_and_recommendations_for_future_research

- Metzger, M. J., & Flanagin, A. J. (2013). Credibility and trust of information in online environments: The use of cognitive heuristics. *Journal of Pragmatics, 59*. Retrieved from http://www.comm.ucsb.edu/faculty/flanagin/CV/Metzger%26Flanagin,2013(JoP).pdf

- Metzger, M. J., & Flanagin, A. J. (2015). The Handbook of the Psychology of Communication Technology. In S. S. Sundar (Ed.), (First Edition., pp. 445–466). John Wiley & Sons, Inc. Retrieved from https://pdfs.semanticscholar.org/b669/6b11ba81935f38d250fc299e6783e6581001.pdf

- Metzger, M. J., Flanagin, A. J., Eyal, K., Lemus, D. R., & McCann, R. M. (2003). Credibility for the 21st century: Integrating perspectives on source, message, and media credibility in the contemporary media environment. *Annals of the International Communication Association, 27*(1), 293–335.

- Miriam J. Metzger, A. J. F., & Medders, R. B. (2010). Social and Heuristic Approaches to Credibility Evaluation Online. *Journal of Communication, 60*, 413–439. doi:10.1111/j.1460-2466.2010.01488.x

- Morris, M. R., Counts, S., Roseway, A., Hoff, A., & Schwarz, J. (2012). Tweeting is Believing?: Understanding Microblog

Credibility Perceptions. *Proceedings of the ACM 2012 Conference on Computer Supported Cooperative Work*, CSCW '12 (pp. 441–450). New York, NY, USA: ACM. doi:10.1145/2145204.2145274

- Moses, L. (2016, May). 43 percent of social media users don't know where the stories they read originally appeared. *Digiday*. Retrieved from https://digiday.com/media/57-percent-readers-aware-brands-theyre-reading-social/

- Nowak, K. L., & McGloin, R. (2014). The Influence of Peer Reviews on Source Credibility and Purchase Intention. *Societies*, *4*(4), 689–705. doi:10.3390/soc4040689

- Nowak, K. L., & Rauh, C. (2008). Choose your "buddy icon" carefully: The influence of avatar androgyny, anthropomorphism and credibility in online interactions. *Computers in Human Behavior*, *24*, 1473–1493. doi:10.1016/j.chb.2007.05.005

- Qing, Q., & Oyedeji, T. (2011). Credibility perceptions of different types of weblogs among young adults. *Global Media Journal*, *11*(19). Retrieved from http://www.globalmediajournal.com/open-access/credibility-perceptions-of-different-types-of-weblogs-among-young-adults.pdf

- Rory McGloin, S. C. S. Kristine L. Nowak, & Flynn, G. M. (2009). The Effect of Avatar Perception on Attributions of Source and Text Credibility. Retrieved from https://astro.temple.edu/ lombard/ISPR/Proceedings/2009/McGloin.pdf

- Rowe, M. (2010). The Credibility of Digital Identity Information on the Social Web: A User Study (pp. 35–42). WICOW. Retrieved from http://wwwconference.org/proceedings/www2010/wicow/p35.pdf

- Rubin, V. L., & Liddy, E. D. (2006). Assessing Credibility of Weblogs. Retrieved from http://www.aaai.org/Papers/Symposia/Spring/2006/SS-06-03/SS06-03-038.pdf

- Schmierbach, M., & Oeldorf-Hirsch, A. (2012). A Little Bird Told Me, So I Didn't Believe It: Twitter, Credibility, and Issue Perceptions. *Communication Quarterly*, *60*(3), 317–337. doi:10.1080/01463373.2012.688723

- Shah, S. A. A. Ravana S. D. Hamid, & Ismail, M. A. (2015). Web credibility assessment: affecting factors and assessment techniques. *Information Research, 20*(1). Retrieved from http://www.informationr.net/ir/20-1/paper663.html

- Spillane, B. (2017). Common Measures of Credibility Used In Academic Research. Retrieved from https://www.scss.tcd.ie/ spillab/Credibility_Measures/

- Thorson, K., Vraga, E., & Ekdale, B. (2010). Credibility in Context: How Uncivil Online Commentary Affects News Credibility. *Mass Communication and Society, 13*(3), 289–313. doi:10.1080/15205430903225571

- Web 3.0. (2017, June).*Wikipedia, la enciclopedia libre.* Retrieved from https://es.wikipedia.org/w/index.php?title=Web_3.0&oldid=99956014

- Web semántica. (2017, June).*Wikipedia, la enciclopedia libre.* Retrieved from https://es.wikipedia.org/w/index.php?title=Web_sem%C3%A1ntica&oldid=99751580

- Wright, K. B., & Rains, S. A. (2014). Weak Tie Support Preference and Preferred Coping Styles as Predictors of Perceived Credibility Within Health-Related Computer-Mediated Support Groups. *Health Communication, 29*(3), 281–287. doi:10.1080/10410236.2012.751084

- Wurzelbacher, C. (2010). *Poll shows Americans trust Facebook and Twitter more than traditional media.* WAN-IFRA. Retrieved from http://www.editorsweblog.org/2010/06/23/poll-shows-americans-trust-facebook-and-twitter-more-than-traditional-media

- Yilmaz, G., & Quintero Johnson, J. M. (2016). Tweeting Facts, Facebooking Lives: The Influence of Language Use and Modality on Online Source Credibility. *Communication Research Reports, 33*(2), 137–144. doi:10.1080/08824096.2016.1155047

- Zulqarnain, W., & Hassan, T. ul. (2016). Credibility of Social Media in Pakistan (pp. 123–137). Strategic Studies. Retrieved from http://issi.org.pk/wp-content/uploads/2017/01/SS_Wajid_and_Taimur_No-4_2016.pdf

OTRA FORMA DE PENSAR EL CAMPO DE LA COMUNICACIÓN: UNA APROXIMACIÓN A LA METODOLOGÍA ARTÍSTICA APLICADA A LAS DISCIPLINAS DE LA COMUNICACIÓN.

Ana Sedeño Valdellós
Isabel Garnelo Díez

1. Debate del arte como forma de investigación

La investigación artística y el debate que se ha desarrollado en los últimos años tiene un amplio calado en tanto establecen o ponen en duda una serie de aspectos metodológicos (que afectan a todas las ciencias sociales), hasta no hace mucho tomados como garantía.

Las comparaciones o diferencias entre ciencia y arte con los esquemas propuestos tradicionalmente para separar estas prácticas de conocimiento son un tema frecuentemente debatido dentro de la reflexión sobre las discrepancias entre la creación artística y la investigación en ciencias puras. En los últimos años, sin embargo, se ha asistido a un esfuerzo de acercamiento entre arte y ciencia, aunque no sin eliminar la tensión epistemológica existente. Tradicionalmente, lo científico se define por su carácter metodológico, alejado de la reflexión y de la subjetividad; mientras que el arte pone el acento en el proceso reflexivo y en la mirada del artista no como un componente más, sino como el más importante. Gustavo Bueno (1978), en su artículo "En torno al concepto de 'ciencias humanas'. Metodologías α-operatorias y β-operatorias", establece la diferencia entre los estados alfa y los estados beta, es decir, las ciencias que han excluido al sujeto exploratorio de la fórmula metodológica y las ciencias en las que el sujeto es irrenunciable. Bueno define a este sujeto presente como sujeto gnoseológico (SG), un ente operativo que reconstruye la ciencia. Sería una individualidad que se manifiesta en el ejercicio de su actividad, encontrándose implicado en el propio campo. Este sujeto echaría por tierra cualquier intento purista de "objetividad", dando lugar a estados intermedios de operaciones metodológicas y de actividad de este SG, desde su inclusión irrenunciable dentro de las operaciones metodológicas de determinadas ciencias, hasta su exclusión o neutralización dentro de las mismas u otras. Podríamos decir que este sujeto gnoseológico es una posición que el artista ha asumido siempre en el proceso de creación, más aún si pensamos en prácticas como la performance o la acción, en las que el artista es parte y materia de la obra, pero también lo constituiría en igualdad de condiciones la audiencia. ¿Podría decirse lo mismo del investigador en ciencias sociales? ¿Asumiría con comodidad este lugar? ¿Reflexionaría sobre ello durante su proceso de investigación?

En el debate metodológico también se encuentra el estatuto del artista como investigador: ¿qué investiga un artista? ¿Qué posición ocupa dentro del proceso? ¿Qué metodologías utiliza? ¿Cuál es su campo/área de estudio? Podemos afirmar que estas preguntas alentaron la necesidad de describir los ámbitos procesuales en los que se trabajaba y permitieron un conocimiento mas profundo de los procesos de investigación que utilizaban los artistas. Investigaciones llamadas obras que tenían a las imágenes, como resultado, conclusión y materia final de estudios, por un lado científicos en un sentido más tradicional del término, en ámbitos como el de la sociología, la etnografía y la antropología y, por otro lado, artísticos o periodísticos en el ámbito de la comunicación, las bellas artes y las humanidades. Algo que ya tenía una amplio respaldo teórico en la literatura científica anglosajona y francesa; llegando hasta nuestros días a través de textos fundamentales como el de la profesora británica Gillian Rose, titulado *Visual Methologies. An Introduction to Researching With Visual Materials* (2012) que actualmente va por la 4ª edición. O el libro recientemente publicado en España titulado *Arte Básico* de Grant Pooke y Diana Newall (2010). Y desde luego, es de destacar la publicación de *Investigación artística y universidad: materiales para un debate*, editado en 2013 por Selina Blasco. Este último trabajo es el ejemplo de que en los últimos años se ha dado una reflexión muy intensa y productiva sobre el proceso de investigación artística en nuestro país. También son destacables los esfuerzos realizados desde el ámbito del diseño gráfico para buscar una determinación científica de los procesos de diseño. En este sentido destacan autores como Sheila Pontis (2009), Norberto Chaves o Rodolfo Fuentes (2007); así como el artículo firmado por Tania C. Delgado, Elsa M. Beltrán, Melissa Ballesteros y Juan P. Salcedo de la universidad de Bogotá, titulado "La investigación-creación como escenario de convergencia entre modos de generación de conocimiento" (2015). En la parte crítica destaca el artículo de la artista y ensayista Hito Steyerl "¿Una estética de la resistencia? La investigación artística como disciplina y conflicto". O los artículos de la investigadora sudafricana Sarat Maharaj y del filósofo cultural Dieter Lesage titulados respectivamente "Know-how and No-How: stopgap notes on "method" in visual art as knowledge production" y "Who's Afraid of Artistic Research? On measuring artistic research output", publicados en 2009 en pleno debate sobre Bolonia en el sistema educativo europeo[3]. Para situarnos en el

---

3 Que, a pesar de perder el juego de palabras en el idioma original, podrían traducirse al español por: "Saber-Hacer y De Ningún Modo: notas breves sobre el 'método' en el arte visual

debate sobre las tendencias metodológicas modernas y posmodernas en el arte y en las ciencias ha sido imprescindible el artículo de Evaristo Méndez "Tendencias de investigación en ciencias sociales y en las artes: la transcomplejidad", publicado en 2015 en la revista *situArte* de la Facultad Experimental de Arte de la Universidad de Zulia, Maracaibo (Venezuela). Y por último para una clasificación de las tendencias de investigación creativa propiamente dicha se ha tenido en cuenta el artículo de Henk Borgdorff "El debate sobre la investigación artística" (2010).

En general, podría decirse que la academia y la universidad hasta hace relativamente poco tiempo han considerando al artista en términos platónicos como un hombre que porta un espejo que pretende reflejar el mundo en su apariencia. Teniendo en cuenta la deuda con lo empírico de las ciencias llamadas tradicionales -obligadas desde su constitución a dar fe de su objetividad-, el arte y la práctica artística no pretenden replicación, aunque a menudo estos presupuestos hayan formado parte del debate artístico sobre lo real y lo verdadero. Otra excusa que restringe la consideración de la práctica artística como saber es que no se basa en presupuestos probados ni construye necesariamente objetos útiles tangibles. Sin embargo, los artistas y creadores han sido los garantes de la creatividad, un valor en alza en la sociedad contemporánea y actual que promueve la interacción y la transdiciplinariedad a la búsqueda de amplificar la innovación en las ciencias viejas y nuevas mediante el intercambio de tecnologías y métodos de trabajo. No obstante, siempre han existido al menos dos formas generales de investigación por parte de los artistas que podrían definirse como aquellos cuyos procesos se aproximan bastante a las metodologías científicas, y aquellos artistas que usan una metodología que podríamos llamar formal, aquella que construye sobre la base de una investigación de los procesos perceptivos y la experiencia corporal. Lo que no cabe duda es que la intuición y la innovación siempre han sido comunes a todos los saberes, incluidos el arte y la práctica artística.

En un intento por sistematizar los procesos dados en la investigación artística, el profesor Álvaro Zaldívar (2008) de la Escuela Superior de Música y doctor en Filosofía, catedrático de Estética e Historia de la Música del Conservatorio Superior de Murcia, y miembro a su vez de la Real Academia de Bellas Artes de Santa María de la Arrixaca (Murcia), que ocupa actualmente una plaza de Vocal Asesor del Gabinete de la Subsecretaria del MEC en Madrid, señala que la investigación desde el arte se centra en el propio proceso de creación y dispone las bases que considera el mínimo común denominador, que vendrían a avalar estos procesos de investigación artística, en igualdad de condiciones que en las ciencia clásicas:

---

como producción de conocimiento" / "¿Quién teme a la investigación artística? Medición de la producción artística de la investigación".

- Como toda ciencia, busca la transparencia en el proceso y necesita asegurar la comunicabilidad de los resultados.

- Es necesariamente intersubjetiva, pero de modo riguroso y crítico (nunca arbitraria, vanidosa ni engañosa).

- Narra la experiencia, le interesa sobre todo el proceso creativo.

- Es esencial poseer un elevado nivel de experiencia y conocimiento de la creación o interpretación.

- Es posible considerarla científica gracias a la crisis de la investigación clásica -que exigía una objetividad hoy insostenible incluso para las ciencias experimentales- y en gran medida es posible su realización y transmisión más efectiva debido a las modernas tecnologías.

- El resultado de esta investigación ha de servir para crear e interpretar mejor, para el propio artista o para quienes se comunican sus resultados.

- Ha de delimitar progresivamente sus temas y metodologías.

- No es igual a investigación histórico-artística ni filosófico-estética, ni es musicología o teoría de la literatura, etc. (aunque muchas de las habilidades y saberes de todas esas ciencias les sean directa o indirectamente precisos).

El autor define la investigación-creación y coincide con Pinson (2009) y Chapman y Sawchuk (2012), en que, a semejanza de la investigación tradicional, en ella es necesario (tomado de Carreño, 2014: 60):

1. delimitar un problema (aunque desde las propias prácticas artísticas) al que el investigador- creador haya llegado desde la reflexión sobre su propia experiencia artística;

2. plantearse objetivos o propósitos claros;

3. escoger la(s) metodología(s) adecuada(s) (las artes pueden aportar las metodologías de sus prácticas);

4. innovar con una propuesta o acción propia e inédita;

5. difundir lo alcanzado. Pero quiénes serán los pares que pueden ser evaluadores o desde qué fundamentos epistemológicos se valida en todos los casos ese proceso no está para ellos claro del todo.

El artista puede trabajar sobre temas de interés general de su ámbito de estudio o sobre cuestiones más personales o subjetivas, pudiendo reconocer que en los resultados hayan podido sumarse sus propias experiencias, sentimientos, gestos, "estilo". Esto podríamos decir que ocurre igualmente en la investigación llamada académica, ya que la subjetividad siempre busca la forma de dejar su huella. Podemos llamarlo ideología por ejemplo. Nadie está exento de mirar a través de su prisma cultural, ideológico o de creencias. Este hecho podría argumentar a favor de la tan denostada acusación de que el artista se pinta a si mismo, algo que pertenece a la visión del arte hasta el siglo XIX y principios del XX, es decir, es una visión moderna del artista. Después de las vanguardias todo esto cambia radicalmente. A partir de entonces la subjetividad será también materia consciente de investigación y representación por parte de los creadores. Como afirma Evaristo Méndez en el artículo señalado:

> "(...) en los años ochenta del siglo pasado se generó la propuesta posmoderna de la investigación transdisciplinar, centrada en el estudio de la complejidad y el reconocimiento de la subjetividad como fundamento de la vida y de la propia investigación". (Méndez, 2015:8)

Pero los y las artistas suelen responder de forma no tan específica si preguntamos por el proceso de creación que siguen. Más bien pueden responder que se topan con una "imagen mental" que será el punto de partida para la producción y parte del proceso de creación, así como para la elección de los procedimientos a utilizar. Esta imagen mental es el resultado de pensar a partir de las formas e ideas que conforman el universo personal y los intereses habituales del creador, de la búsqueda y observación cuidadosa de otros trabajos de artistas de referencia. Así como de lecturas sobre temáticas relacionadas. Es decir, la "imagen mental" es algo inminente, pero también buscado. No obstante, no existe una única fórmula ni una metodología para la práctica artística. Es cierto que estas metodologías no han sido sistematizadas y se debe en gran medida a que los artistas no reflexionan sobre los procesos que siguen de la misma forma que lo haría alguien que quisiera dejar ejemplo para el uso de otras personas. Y de hacerlo, no lo ponen por escrito de forma sistemática. Queda por hacer un estudio comparativo de las metodologías llamadas científicas en relación con las artísticas o creativas para conocer la diferencia de los procesos seguidos en cada caso. No sería difícil, los textos de los artistas están plagados de datos y huellas metodológicas, por no hablar de los resultados y las conclusiones de sus creaciones. Pero ¿quién se ha parado a mirar un cuadro, una performance, un video con esta intención sin recurrir a las metodologías existentes?

A la pregunta que nos hacíamos sobre de qué es investigador el artista, si de sí mismo o de su metodología, nos pueden responder dentro del debate sobre el tema los enfoques de diferentes autores que plantean la definición y el establecimiento de categorías en la investigación artística. Este fue, por ejemplo, el tema del artículo "El debate sobre la investigación en las artes" escrito por Henk Borgdorff (2010) de la Amsterdam School of the Arts basado en las lecturas y presentaciones sobre investigación artística que tuvieron lugar en el otoño de 2005 en Ghent, Amsterdam, Berlín y Gothenburg, un evento desarrollado posteriormente al encuentro de expertos que bajo el título de "Kunst als Onderzoek" (Arte como investigación) se reunió en Felix Meritis en Amsterdam en febrero de 2004. En este texto, Borgdorff se basa en el artículo publicado en 1993 de Christopher Frayling titulado "Investigación en arte y diseño", donde el autor diferencia entre la investigación dentro del arte, la investigación para el arte y la investigación a través del arte y establece los criterios y definiciones para diferenciar la investigación académica de la artística, incidiendo en lo que significa la investigación basada en la práctica que realizan los artistas.

Borgdorff varía ligeramente su enfoque aunque tomando esta tricotomía como referencia y propone la siguiente división: investigación sobre las artes, investigación para las artes e investigación en las artes. Para nuestra investigación es suficiente por el momento detenernos en esta última categoría de la investigación artística, que como afirma el autor es la más controvertida de los tres ámbitos planteados ya que se refiere,

> "a la investigación que no asume la separación entre sujeto y objeto, y no contempla ninguna distancia entre el investigador y la práctica artística, ya que ésta es en sí, un componente esencial tanto del proceso de investigación como de los resultados de la investigación". (Borgdorff, 2010).

Es decir, no contempla ninguna diferencia entre teoría y práctica. Y el conocimiento expresado, afirma Borgdorff, "se articula mediante el proceso creativo y en el propio objeto artístico". Es lo que en la literatura especializada, nos recuerda el autor, se ha llamado "investigación basada en la práctica", y que él redefine como "práctica como investigación".

Sobre este paisaje que se va dibujando poco a poco, las características terminológicas de la investigación artística nos ayudan a comprender mejor conceptos como el de "proceso", tan importante durante las prácticas artísticas de las vanguardias de los años 60 y 70 del siglo pasado, de las que hablaremos más adelante. Siguiendo por el momento con nuestra exposición de los diferentes puntos de vista sobre lo que es la investigación basada en la práctica, encontramos posturas conciliadoras respecto de las reticencias que la academia ha manifestado en relación con la consideración científica de los trabajos realizados por artistas, o que cuentan en sus resultados con objetos o materiales gráficos no textuales, aunque también lleven en mayor o menor abundancia reflexiones y fundamentaciones teóricas que usan el texto o la forma del ensayo para desplegarse.

Quizás la postura más combativa de los últimos años en relación con este debate sea la mantenida por la artista visual, y autora en el campo del ensayo y el documental, Hito Steyerl, que ve en el reconocimiento del saber/arte una estrategia de fagotización de las prácticas artísticas por el capitalismo cultural. El punto de vista de Steyerl nos interesa porque representa tal vez el ejemplo paradigmático que nos permitirá afirmar la pertinencia de aplicar las metodologías artísticas que emplea en sus proyectos a los estudios de comunicación, sobre todo del audiovisual y los medios digitales. Esto se debe a que la autora se sirve, en las últimas obras realizadas, de todos los medios de comunicación a su alcance para construir el discurso, y en los diferentes soportes mediáticos existentes para presentarlo. Y también porque su postura frente al creciente interés manifestado desde la academia por las metodologías artísticas significa para ella que la están convirtiendo en una disciplina normativa: "una disciplina es, desde luego, disciplinaria: normaliza, generaliza y regula" (Steyerl, 2011). Su metodología de análisis y muy especialmente de exposición de los resultados es lo que constituye el modo de investigación de la autora, que lo despliega en toda su complejidad en el espacio de exhibición. Y así argumenta, en el artículo titulado "¿Una estética de la resistencia? La investigación artística como disciplina y conflicto":

> "es posible describir la misma piedra desde el punto de vista de una disciplina que clasifica y nombra. Pero también es posible interpretarla como la huella de un conflicto oculto". (Steyerl, 2011)

Hito Steyerl afirma que hacer el seguimiento de la investigación artística desde la perspectiva del conflicto y de las luchas sociales permite sacar a la luz "un mapa de prácticas que abarca la mayor parte del siglo XX y la mayor parte del planeta" y de autores que "trabajan sobre la percepción y las prácticas humanas e intentan integrar activamente actitudes científicas en su trabajo" (Steyerl, 2011: 32), dándose a través de ellos la invención de procedimientos de investigación como el cine-ojo, el cine-verdad, la biografía del objeto o el fotomontaje. Y posteriormente, el ensayo fotoperiodístico, el ensayo fílmico o cine ensayo, a las que podríamos añadir la foto documentación y el foto-ensayo. Prácticas todas ellas en las que la investigación artística se ha planteado y lo sigue haciendo como una estética de la resistencia. Así afirma, por ejemplo, que desde la década de 1920 comienzan a aparecer sobre todo en la Unión Soviética debates llevados a cabo por los propios artistas sobre las epistemologías artísticas que ya entonces giraban en torno a términos tan sofisticados como hecho, realidad, objetividad e investigación.   De aquí Steyerl pasa a las luchas internacionales de los años sesenta que incluirán métodos de investigación artística como la deriva situacionista, las encuestas obreras, el montaje constructivista, la antropología deconstructiva o surrealista, la difusión de contrainformación y el periodismo estético, entre otros. Y por último las prácticas conceptuales que llevarán al grado cero de representación y a la dematerialización del objeto artístico. Probablemente, lo más interesante del artículo de Steyerl lo constituya la propia forma del artículo que, en sí mismo, se auto ejemplariza con las obras realizadas por la autora, siguiendo un método que plantea en su desarrollo las claves de la metodología que trata de exponer y mantener a salvo de las intenciones de normatividad de la academia. Pone finalmente el dedo en una yaga con la que convive abiertamente la práctica artística, asomándose a la grieta que representan la fronteras y los límites entre disciplinas y asumiendo el conflicto como vía de hacer posible la inter y transdisciplinariedad. Se trata de la ruptura a finales de los setenta de las fronteras entre géneros artísticos que rompía con el corsé de la especialización en la profesión artística, sin por ello poner en riesgo la división del trabajo establecida en la industria cultural entre los diferentes actores del mundo del arte. Por ello Steyer argumenta que

> "gran parte de la animadversión conservadora contra la investigación artística proviene de una sensación de amenaza por la disolución de estas fronteras y este es el motivo por el cual, con frecuencia, en la práctica cotidiana, se niega que la investigación artística sea ni arte ni investigación" (Steyerl, 2010: 36).

Por su parte la historiadora y crítica de arte Victoria Combalía, analiza las prácticas artísticas y las teorías de los artistas conceptuales. En el ensayo IV del libro *La poética de lo neutro*, "La naturaleza del arte según Joseph Kosuth y una alternativa materialista", Combalía se sirve de los testimonios de los propios artistas que inician en este período una reflexión sobre su práctica y sobre la teoría desarrollada por la crítica de la época. Textos que empiezan a tener una autoridad hasta el momento negada a los artistas que veían cómo sus creaciones eran interpretadas por los especialistas a menudo sin recurrir a su relato o manifestaciones de intenciones al respecto. En el capítulo señalado, Combalía desarrolla lo que eran entonces los puntos cardinales de las tendencias teóricas del momento, que se materializaban fundamentalmente en la crítica a la estética formalista. Por supuesto dicha crítica iba dirigida a los valores adjudicados por la tradición teórica a las obras de arte, basados esencialmente en sus características externas y materiales, excluyendo de la obra su relación con la realidad y el contexto de procedencia al que hacía referencia. Y a que Kosuth pensaba que hablar solo de la forma excluía la parte conceptual, Combalía añade a esta crítica a la tradición analítica del arte la del olvido de la doble relación entre arte y realidad, "en su faceta epistemológica primero (*el arte surge de la realidad, como actividad diferente a ésta, pero manteniendo una serie de relaciones con ella*) y metodológica después (no hay verdadero conocimiento de la obra de arte si no se la sitúa en su contexto social; su carácter es uno de los niveles necesarios para la comprensión de la misma." (Combalía, 1976: 91)

Nos centramos en la posibilidad de extraer del trabajo de la autora las características epistemológicas del arte conceptual, sin acudir de momento a obras actuales, porque creemos que el arte contemporáneo ha hecho suyos los modelos de trabajo de los artistas de las neovanguardias, que abrieron un sin fin de opciones metodológicas y de ámbitos de crítica y aplicación artística hasta entonces inéditos.

Para Combalía, el tipo de apropiación de la realidad que realiza el proceso artístico es más compleja que la que efectúa el proceso de conocimiento (científico). La diferencia la sitúa la autora en las reglas y los métodos. Estos dan como resultado que la obra de arte pertenezca más al mundo material que al de las ideas dado su carácter objetual. Además, el *ideolecto* del artista, su código personal o estilo, no pretende la objetividad de los resultados, "sino expresar una visión del mundo particular y ampliar la percepción habitual" (Combalía, 1975: 98-99). También contrapone Combalía, además de los conceptos de arte y ciencia, los de arte e ideología. Una vez definidos ambos términos, la autora argumenta que siendo diferentes están en estrecha relación, ya que el arte presenta dos posibles momentos de sometimiento a la ideología. Primero a través del estilo que lógicamente, al estar determinado por una sensibilidad particular, es el reflejo de una ideología. En segundo lugar, debido a lo que la autora define como el reconocimiento de la "artisticidad" de una obra, que será determinado por una episteme o ideología hegemónica de la industria cultural de un determinado momento y lugar. La especificidad del proceso artístico, dice Combalía, reside en que no termina en la obra de arte, ya que su vida sigue más allá mediante el proceso de comunicabilidad en los espacios estructurados para ello (galerías de arte, museos, pantallas, etcétera) y por la lectura del espectador, que la hace materia de su reflexión intelectual y afectiva introduciendo a su vez otros códigos personales que le permiten producir una réplica en sentido contrario. Esto da cuenta del carácter polisémico del hecho artístico que de nuevo lo contrapone a la ciencia.

Pero la cuestión no reside únicamente en cómo de científico es o no es el proceso de creación artística, sino si dicho proceso abre posibilidades nuevas de investigación que pudieran aplicarse en comunicación y en qué medida puede ser útil hacerlo, o de qué modo diversificaría los resultados que se han obtenido hasta ahora con los métodos tradicionales. Ambos procesos parten de la realidad para extraer por apropiación un resultado, o una "obra" en la terminología artística. Indudablemente el punto en discordia se sitúa en la afirmación de que el arte no se rige por un criterio de objetividad, y esta diferencia es la que ha producido que no se le haya considerado como Conocimiento en sentido estricto. Sin embargo, nada impide el uso de metodologías mixtas que podrían proporcionar la apertura suficiente como para flexibilizar la inclusión sin complejos de la creatividad en el proceso seguido por las ciencias sociales. Más bien, a la hora de plantear las preguntas iniciales de investigación salirse del proceso y de los procedimientos habituales normalmente codificados en cuantitativo/cualitativo. Es un hecho que esto implica el acceso de lo afectivo a los modos de investigación, renunciando a una objetividad que hoy ha perdido bastante de su credibilidad. Esto suele matizarse apelando para ello a la reflexión y la clarificación de la postura o el lugar desde el que el propio investigador se sitúa y desde el que habla y concluye, pero muy fundamentalmente a la asunción sin restricciones de la transdisciplinariedad, y lleva implícito el trabajo colaborativo entre investigadores de diferentes áreas y campos de estudio. Esto es algo que ya estamos percibiendo en nuestras universidades y de lo que esperamos ver pronto más resultados.

2. Investigación normativa en comunicación vs investigación artística

En realidad, una de las problemáticas que están siendo abordadas en variados puntos geográficos en torno al campo de la comunicación tiene que ver con su amplio campo de estudio. Una variedad de prácticas académicas, institucionales y políticas que se han forjado y actuado en los últimos años han provocado, en el campo de la comunicación, el crecimiento exponencial de una excesiva diversidad teórica y metodológica. La elasticidad del campo ha sido denunciada por Martino (2016) que afirma que puede traer como consecuencia una fragilidad epistemológica cuando dice

> "que muchos procesos puedan ser descritos como comunicación no los hace propiamente comunicacionales, esto es, fenómenos recortados y problematizados desde un punto de vista comunicacional (programa fuerte). Ningún proceso (siendo parte del mundo) pertenece a tal o cual disciplina." (Vizer, 2016: 81).

Nosotros, sin embargo, estamos con Geertz (1980) y Craig (2007). Clifford Geertz denuncia en *Blurred Genres* (1980) que una teoría y sus prácticas metodológicas vienen dadas por un contexto cultural y que los cambios en ellas son causados por las revoluciones en el conocimiento y en la cultura académica. Craig expone en "Comunication theory as a field" (1999) una disertación sobre el campo de la comunicación como un campo diversificado y dice que una teoría o corpus metodológico de una disciplina es más fuerte cuanto más coherente es. Esto conlleva el reconocimiento de la comunicación por parte de los investigadores como una disciplina pragmática. En 2007, Craig (en Vizer, 2016) va un paso más allá con su idea de interdisciplinariedad, al decir que borra las fronteras especialmente entre las humanidades y las ciencias sociales y cuya consecuencia principal sería una pérdida de significación de la teoría de la comunicación.

En definitiva, las nuevas fórmulas en que se concatenan investigación, creación artística y trabajo intelectual universitario nos podrían hacer apuntar a lo que Méndez denomina la Investigación Transcompleja:

> "La investigación cualitativa, que es en verdad la investigación de la subjetividad humana, ya es una realidad, una tendencia en este siglo XXI, tan científica como la cuantitativa. Pero si vamos un poco más allá, quiero decirles que la realidad no es ni cuantitativa ni cualitativa, son ambas dimensiones a la vez, y no solo estas, sino que es también estructural, sistémica, histórica, ecológica, de modo que en último término podemos hacer investigación cruzada de estas dimensiones y podemos hacer investigaciones multimétodos. Y precisando más todavía, podemos hacer investigaciones estructurales y cualitativas, investigaciones macros y micros. En definitiva, hacemos una investigación transcompleja." (Méndez, 2015:12).

Y uno de los ámbitos donde mejor se ejemplifica esta compleja problemática es el de los Trabajos Fin de Grado y Fin de Master en Comunicación. El hecho de que la normativa de las facultades lo contemple como algo posible ya es un paso adelante en la consideración de otros modos de investigar. En comunicación no solamente se hace investigación teórica. Hasta aquí le obligaba su pertenencia a un área tan amplio como el de las "ciencias sociales y jurídicas". Pero no podemos olvidar que dentro de este área también están incluidas la sociología, la etnografía y la antropología, y que la sociología y más recientemente la antropología visual han sido pioneras en el uso de las imágenes, no solamente como herramienta de la investigación, sino también como parte del resultado de la investigación. En comunicación y actualmente en lo que también se ha llamado cultura audiovisual se prioriza el estudio de los medios de masas, de la mal llamada baja cultura, que precisamente se despliega generosamente en imágenes. Pero también nuestras facultades engloban asignaturas y perfiles profesionales que se orientan hacia la creación y la realización publicitaria, cinematográfica y televisiva. Es decir, que queda más que justificada la necesidad de conocer metodologías orientadas a la creación de imágenes como parte de los resultados de la investigación pero en igualdad de condiciones para la creación y la realización de imágenes como forma de investigar.

3. El artista como investigador y las artes visuales como territorio fronterizo

El investigador aborda su estudio siguiendo modelos epistemológicos previamente decididos o que se adoptan a lo largo del estudio inicial en el que se va conformando el corpus de trabajo. Es variable la importancia que se le da a este corpus como producto final del estudio. En cualquier caso, lo que importa es el texto. Su desarrollo y relación con textos precedentes que permitan situar el tema de la investigación en el contexto de saberes generalmente occidentales. Conocer a qué paradigma se ajusta, si sigue con corrección las pautas y teorías de la metodología aplicada, y se ajusta con claridad a alguno de los marcos teóricos definidos por el campo de estudio en el que quiere inscribirse; si ha sabido formular las preguntas adecuadas y seleccionar los materiales idóneos para producir las evidencias que le permitan explicar y responder las preguntas de investigación para obtener las conclusiones al trabajo y a la tesis de partida. Esto a su vez debe ser expuesto siguiendo un ritual también codificado dependiendo de la institución y el medio de destino del trabajo. Se examinará y evaluará también la medida en que se ajuste dicho trabajo a estos códigos de presentación/exposición pública, en función de lo cual – junto a la valoración fundamental del contenido – se decidirá la calificación obtenida, su publicación o su aceptación como mérito en algún baremo que esté evaluando su curriculum para un puesto de trabajo o mérito necesario para la promoción dentro de la institución de que se trate. En resumen, que siga con rigor las reglas de juego establecidas por la institución o por el campo específico de saber.

El artista investigador por su parte ha ocupado su asiento en la academia sentándose al borde de la silla, no sintiéndose demasiado cómodo ni seguro de hallarse en su lugar a la hora de adaptar su trabajo a sus pautas. La razón no se encuentra solamente en un posible desajuste del trabajo artístico en la interpretación de las reglas de juego académicas y los formatos de investigación tradicionales, sino en cierta desconfianza y rechazo más que latente ejercido desde las mismas instituciones hacia todo lo que se presente como conocimiento bajo la forma de materiales visuales. Nos sigue pareciendo extraño que aún hoy sea difícil que los materiales visuales, comúnmente aceptados como ilustración de teorías y textos, lo sean por derecho propio como saber en sí mismos. Esta reticencia se ha dado comúnmente en las humanidades y las ciencias puras, mientras que serán las ciencias sociales, y en particular la etnografía y la antropología, las que tenderán hacia una consideración de las imágenes como producto esencial de la investigación. Esto se produce aunque, con frecuencia, definiendo con muchas carencias su carácter de saber propiamente dicho y sin que, en ningún momento, se descarte en ciertos casos como legítimo su uso ilustrativo o de mediación dentro del proceso de investigación.

En realidad, podemos considerar a los propios creadores como los que inician la reivindicación de las imágenes, producidas en determinadas circunstancias o acontecimientos, como saber y no como ilustración o material de base para la investigación. Y muy particularmente es achacable a los que han desarrollado una actividad docente paralela a la creación artística. No debemos olvidar que el estatus de artista como teórico en el giro conceptual de los 60 se produce: 1) porque en EEUU los estudios artísticos pasan a ser universitarios -en el contexto de un crecimiento exponencial de universidades y de museos-, de manera que no hay personal suficiente y los artistas pasan a ser profesores, es decir, tienen que explicar a estudiantes.- 2) por otra parte, al plantear la nueva poética conceptual -que todavía los críticos del momento no entienden o no aceptan- son los propios artistas los que hablan del trabajo de otros artistas o de su propio trabajo. Actualmente, en la academia, las reivindicaciones sobre el estatuto de saber de las imágenes se enmarca dentro de la búsqueda de un lugar y una validación para la creación y la producción artística como parte del trabajo de investigación desarrollado por los artistas dentro de la institución. De hecho algo se ha conseguido en este sentido en los últimos años. Así ha sido, por ejemplo, en los baremos para la acreditación a las figuras contractuales dentro de la universidad española, por parte de las agencias de acreditación estatales y autonómicas, las cuales en la actualidad dan la posibilidad de presentar para su evaluación trabajos de arte que se contemplan en igualdad de condiciones que, por ejemplo, la publicación de artículos en revistas especializadas o los contratos de investigación con subvención pública o privada. Aunque sobre el papel esto es así, quedan muchas cosas que matizar y mejorar en relación con estas equivalencias, ya que no siempre resultan ecuánimes con respecto a las producciones de conocimiento clásicas.

Los textos artísticos y los audiovisuales son especialmente indicados para ser objeto de estos acercamientos metodológicos. El tipo de ambigüedad que se desarrolla en la practica artística se convierte en un terreno propicio para los enfoques que ponen el acento en el proceso, en el *work in progress*. Y desde luego, la estética tanto como la teoría crítica y la teoría del arte dan buena cuenta de la productividad hermenéutica que conllevan los objetos artísticos y los procesos desarrollados por los mismos artistas en la consecución de sus objetivos. La reivindicación de los resultados artísticos como saber en sí mismos son una no tan nueva reclamación de los propios creadores. No en vano, durante los años sesenta y especialmente dentro de las prácticas conceptuales, se desarrolla especialmente la figura del artista escritor, que tratará de interpretar y definir el significado y la intención de su obra, no dejando que estos términos queden definidos por teorías ajenas al deseo de su autor o alejadas de las inquietudes intelectuales y epistemológicas del artista, así como de sus referentes teóricos o prácticos.

A este respecto resulta bastante clarificador algo que hoy podría parecernos una anécdota, pero que sin embargo permitió mantener la separación entre los ámbitos artístico y comunicacional, al menos en la práctica y formalización del estatuto del autor en función de su práctica profesional. Nos referimos al conocido esquema, hoy ya superado, del fotógrafo-fotógrafo frente al artista-fotógrafo. Estas denominaciones querían distinguir en los años ochenta del siglo pasado al fotógrafo documentalista de tradición artística y formación periodística del artista que, en plena evanescencia de los límites entre disciplinas, reivindicaba la libertad de utilizar cualquier técnica o medio que sirviera mejor a los objetivos de su discurso. En los años noventa del siglo pasado en España, a través de las Jornadas de Estudio de la Imagen, este fue un tema recurrente que trató de zanjarse mediante la introducción y definición inclusiva del término "fotografía de creación". Con antelación a esta crisis de identidades profesionales en el ámbito del arte y de la comunicación en España, salen a la luz artículos como el de A.D. Coleman, titulado "No soy realmente un fotógrafo", publicado por primera vez en Nueva York en 1972, que se iniciaba con la cita de Ed Ruscha, representante del Pop fotográfico norteamericano, en la que dice "la fotografía es simplemente una zona de juegos. No soy en absoluto un fotógrafo"; a pesar de lo cual publicó varios libros de fotografía. O recordaremos el también célebre artículo de Nancy Foote titulado "Los Anti-fotógrafos" publicado en 1976 en la revista *Artforum*, e incluido al igual que el de Coleman en el catálogo de la exposición de *The last picture show: artistas que usan la fotografía. Tendencias conceptuales desde 1960 a 1982*, que tuvo lugar en el Museo de Arte Contemporáneo de Vigo en el año 2004. En su artículo, Foote dice con ironía "por cada fotógrafo que reclama ser considerado artista hay un artista que corre el riesgo de convertirse en fotógrafo"; tal vez, treinta años después, no quede lejos la posibilidad de llegar a afirmar que por cada artista que quiere ser reconocido como investigador hay un investigador que corre el riesgo de convertirse en artista.

Pero también creemos necesario hacer hincapié en que la subjetividad del artista es una rémora del romanticismo: a lo largo de la historia, la subjetividad nunca ha contado como un elemento clave para el artista. En realidad los artistas investigan siempre en relación al paradigma heredado. Más allá de las motivaciones subjetivas, que los que se dedican a la ciencia, al arte, etcétera comparten, la diferencia fundamental entre la metodología científica y la artística es la contrastación. Esta metodología es el gran logro de la ciencia, aunque los cambios de paradigma pueden y de hecho, lo hacen, modificar el valor de verdad. En el caso del arte, aunque hay indicativos de calidad o de innovación el problema es que no terminan de bailar una metodología de "contrastación" que al menos "parezca" superar los condicionantes de su época.

En definitiva estas aproximaciones a temas, debates y conceptos en torno a la investigación artística como modelo para una transformación de la metodología de investigación en comunicación, pretenden acercar posibilidades de incorporar otros métodos. En el texto sólo se ha iniciado la reflexión sobre estos aspectos y quedan algunos otros como la noción central de proceso en su sentido artístico, la comparación de la práctica, la teoría y la evaluación en el ámbito artístico y en comunicación, y la necesidad de crear y fomentar formatos de publicación de investigación novedosos, que se adapten a los estudios interdisciplinares y artísticos.

4. Referencias

- Blasco, S. (ed.) (2013). *Investigación artística y universidad: materiales para un debate*. Madrid: Ediciones Asimétricas. Libro editado dentro de las actividades del Proyecto de Innovación y Mejora de la Calidad Docente 2013/86, de la Universidad Complutense de Madrid.

- Borgdorff, H. (2010). "El debate sobre la investigación en las artes". *Cairon: revista de ciencias de la danza*, 13, pags. 25-43.

- Bueno, G. (1978). "Exposición dialéctica de la distinción entre metodologías *a* y metodologías ß". *El Basilisco*, número 2, mayo-junio, pags. 29-46.

- Carreño, V. (2014). "¿Qué es la investigación Creación?" *Situarte*. Año 9, No 17. Julio-Diciembre,pp.52-62. (fecha de consulta: 05-06-2017) http://produccioncientificaluz.org/index.php/situarte/article/view/19632/19590

- Geertz, C. (1980). "Blurred Genres: The Refiguration of Social Thought". *American Scholar*, vol. 49, N° 2, 1980, págs. 165-179.

- Combalía, V. (1975). *La poética de lo neutro. Análisis y crítica del arte conceptual*. Barcelona: Editorial Anagrama. Serie: Estética.

- Craig, R T. (1999). "Communication Theory as a Field". En *Communication Theory*. Volume 9, Issue 2, May. Pages 119–161. DOI: 10.1111/j.1468-2885.1999.tb00355.x.

- Craig, R. T. (2007). "Por que existem muitas teorias da comunicaçao?" in Martino, L. C. (org.). *Teorias da comunicaçao: Poucas ou muitas? Sao Paulo:* Atelia.

- Chapman, O. y Sawchuk, K.(2012). "Research-Creation: Intervention, Analysis and 'Family Resemblances'". *Canadian Journal of Communication*, Vol. 37, pags. 5-26.

- Delgado, T., Beltrán, E., Ballesteros, M. y Salcedo, J. (2015). "La investigación-creación como escenario de convergencia entre modos de generación de conocimiento". *Iconofacto*. Volumen 11-Número 17 Julio-Diciembre.

- Frayling, C. (1993-1994). "Research in at and design". Londres: Royal College of Art Research Papers. Volume 1 number 1.

- Fuentes, R. (2007). *La práctica del diseño gráfico. Una metodología creativa*. Barcelona: Paidós Diseño 05.

- Maharaj, S. (2009). "Know-how and No-How: stopgap notes on 'method' in visual art as knowledge production". *Art & Research. A journal of ideas, contexts and methods*. Volume 2. No. 2. Spring.

- Méndez, E. (2015). "Tendencias de investigación en ciencias sociales y en las artes: la transcomplejidad". Situarte, vol. 10, nº 9, pags. 7-14. (Fecha de consulta: 05-04-2017) http://www.uni3venezuela.org.ve/images/pdf/transcomplegidad.pdf

- Prigogyne, I. (1993). *Creatividad en las Ciencias y las humanidades. Un estudio en la relación entre las dos culturas*. Editorial El proceso creativo. L. Gustafsson, Ministerio Educación. y Ciencia de Estocolmo.

- Pinson, J. P. (2009). "La recherche- création dans le milieu universitaire: Le cas des interprètes et de l'interpretation". *Les Cahiers de la Societé* qué be cois de recherche en musique, Reflexions sur la recherche- création, 10 (2), pags. 9-14.

- Pooke, G. y Newall, D. (2010). *Arte Básico*. Barcelona: Cuadernos Arte Cátedra.

- Pontis, S. (2009). "Diseño Gráfico: un novel objeto de investigación. Caso de estudio, el proceso de diseño". *Iconofacto*, Vol 5, Nº 6. Medellín-Colombia / Diciembre.(Fecha de consulta: 06-06-2017).

- Rose, G. (2012). *Visual Methologies. An Introduction to Researching with Visual Materials*. London: SAGE Publications, Ltd.

- Steyerl, H. (2011). "¿Una estética de la resistencia? La investigación artística como disciplina y conflicto". *Transversal*, 03(2010) Texto originalmente publicado en inglés en *maHKUzine*. Journal of artistic research, 2010. pp: 31-37. (Fecha de consulta: 03-03-2017) http://eipcp.net/transversal/0311/steyerl/es.

- Vizer, E. A. (2007). "Modelización del conocimiento social: la comunicación como estrategia de apropiación expresiva de los mundos sociales". *Revista FAMECOS*, nº 32, abril. págs. 42-52.

- Martino, L. (2016). "Significación de la teoría en un campo diversificado". En: Vizer, E. y Vidales, C. (2016). *Comunicación, campo (s), teoría y problemas: una perspectiva internacional*. Salamanca: Editorial Comunicación Social. pp. 69-100.

- Zaldívar, A. (2008). "Investigar desde el arte". *Anales de la Real Academia Canaria de Bellas Artes de San Miguel Arcángel*, 1, págs. 57-64.

CAPÍTULO V

CONCEPTOS VIAJEROS EN COMUNICACIÓN[4]

JannethArley Palacios Chavarro
Patricia Lora León

Esta ponencia presenta una reflexión respecto a la propuesta de MiekeBal sobre "conceptos viajeros", en este caso, planteados en relación con la comunicación y campos conexos como la publicidad y el diseño gráfico. Para ello, toma como base el concepto "mediación" con el cual se permite comprender cómo se dan las dinámicas planteadas por los conceptos desde la metáfora del viaje. Se muestran otros ejemplos de conceptos que son trasversales entre los campos mencionados y que sirve de referente para pensar puntos de encuentros en comunicación.

1. Introducción

Esta ponencia surge del trabajo realizado en el marco del proyecto "Investigar la Investigación en la Facultad de Ciencias de la Comunicación", el cual a partir de la reflexión de sus procesos de investigación y de la intedisciplinariedad promovida a través de un núcleo común compartido con los programas de Comunicación Social-Periodismo, Diseño Gráfico y Publicidad y Mercadeo, busca identificar y reconocer aquellos puntos de convergencia sobre los cuales se han trabajado los proyectos de investigación, los de aula y los de proyección social, durante los últimos cinco años. Esto, además, con el propósito de darle una mayor identidad al quehacer investigativo en la Facultad, fortalecer y aumentar la integración y la mirada transdisciplinar que por su naturaleza tiene el campo de la comunicación; proponer líneas de acción que muestren una mayor articulación con el contexto, así como incentivar de manera permanente en los estudiantes y profesores el espíritu investigativo, la construcción y socialización de conocimiento.

Del análisis de los proyectos y productos de investigación de la Facultad del periodo 2012 – 2016, surgen un conjunto de categorías convergentes y transversales a los programas mencionadosque,pensadas desde la propuesta de MiekeBal como "conceptos viajeros" (Bal, 2002), nos permiten no solo encontrar puntos de encuentro entre estos campos sino también una mayor comprensión de las dinámicas con las que los conceptos se mueven, viajan y enriquecen las disciplinas, dejando ver sus relaciones y cone-

---

[4]Esta ponencia es producto del proyecto "Investigar la investigación de la Facultad de Ciencias de la Comunicación" del año 2016, financiado por la Fundación Universitaria Los Libertadores, Bogotá (Colombia).

xiones. Por ello, en función de pensar más en los puntos de encuentro entrela Comunicación Social, el Diseño Gráfico, la Publicidad y el Mercadeo y menos en las diferencias epistemológicas que han dado origen a diferentes debates, esta propuesta parte de pensar esas convergencias desde los "conceptos viajeros", para ello, toma como ejemplo de análisis la categoría mediación, la cual es uneje de articulación en comunicación que evidencia diferentes transformaciones, dando lugar a una cierta identidad a la comunicación y campos como la publicidad, el mercadeo y el diseño gráfico, entre otros.

2. "Conceptos viajeros" en comunicación

Pensar en el potencial que tienen los conceptos como posibilidades de encuentro entre las disciplinas, nos obliga a retomar el trabajo de Mike Balrealizado dos décadas atrás desde las humanidades y en coherencia con la "Travelling Theory" de Edward Said en 1987, quien propuso que las teorías viajan asumiendo diferentes implicaciones dependiendo de dónde, cuándo y cómo se despliegan. Así,Bal (2002) propone la tesis de que los conceptos viajan, migran y se transforman a través de diferentes disciplinas sociales y humanas adquiriendo múltiples sentidos y usos desde lo teórico y lo metodológico. Para la autora, los conceptos facilitan la conversación y posibilitan un lenguaje común, lo que permite superar vacíos y debates entre los límites de las ciencias. Sostiene que los conceptos"viajan entre disciplinas, entre estudiosos y estudiosas individuales, entre periodos históricos y entre comunidades académicas geográficamente dispersas. Entre las disciplinas, el significado, alcance y valor operativo de los conceptos difiere" (pág. 31). Esta perspectiva nos muestra dos aspectos a resaltar, el primero es que los conceptos son flexibles y se enriquecen, permitiendo una mayor amplitud en su comprensión, y en segundo lugar, los conceptos dejan de ser de exclusividad de las disciplinas.

No obstante, Bal (2002) exponeque aunque se parezcan: "los conceptos no son palabras comunes (...) tampoco son etiquetas (...). Los conceptos (mal) utilizados de esta forma pierden su fuerza operativa; se someten a la moda y no tardan mucho en perder su significado" (pág. 30), por ello, para comprender la perspectiva planteada, proponecomprender el concepto desde su capacidad de interacción y desdela relación sujeto – objeto. Para ilustrar esta afirmación, plantea el concepto "hibridación" indicando:

> "¿Cómo es posible que este concepto biológico, que tenía como su "otro" un espécimen auténtico o puro, que asumía que la hibridación provocaba esterilidad y que aparecía frecuentemente en el discurso imperialista con todos sus dejes racistas, haya pasado a indicar un estado idealizado de diversidad postcolonial? Es posible porque viajó. Se originó en la biología del siglo diecinueve y en un principio se utilizó en sentido racista. Después cambió, moviéndose a través del tiempo, hacia Europa del Este,

donde se encontró con el literario MijailBajtín. Viajó de nuevo hacia el oeste y finalmente pasó a tener un papel breve pero protagonista en los estudios postcoloniales (...)" (pág. 31-32).

Con este ejemplo, la autora presentaesa metáfora del viaje para evdenciar que un concepto puede moverse entre periodos históricos, entre disciplinas o entre expertos, incluso entre contextos socio culturales específicos, haciendo que los conceptos adquieran dinamismo. La autora advierte que en este cambio, los conceptos pueden dar lugar a una "confusa multidisciplinariedad", sin embargo, propone llegar a "interdisciplinariedad productiva", en la medida en que se puedan entender los "conceptos" desde el potencial que tienen para lograr "ciertos consensos", sin llegar al "dogmatismo" (pág. 36-37), pero también desde su capacidad de ser pensados desde el uso y el significado, es decir, a partir de su potencial "intersubjetivo" y su posibilidad deresignificacióndentro de realidades sociales y culturales particulares (pág. 28). De esta manera, Bal refuta y problematiza la naturaleza representacional y estática de los conceptos en contraste con su mutabilidad o capacidad de transformación como resultado de las múltiples dinámicas que se producen en su interacción con sujetos, artefactos y contextos culturales específicos y este resulta ser el punto de interés y de reflexión para el presente trabajo.

En consecuencia, la tesis de este "nomadismo conceptual" o "movilidad interdisciplinar de los conceptos" planteada porBal (2002) y desarrollada posteriormente por otros autores(Neumann & Nünning, 2012), (Vázquez-Alonso & Manassero-Mas, 2017), se basa en estos principios:

> "Los conceptos nunca son meramente descriptivos, también son programáticos y normativos. Por tanto, su uso tiene efectos específicos. Tampoco son estables; están asociados a una tradición. Pero su uso nunca posee una continuidad simple. Lo cierto es que tradición es una palabra que se mueve (...). La tradición nos habla de la forma en la que siempre hemos hecho las cosas" como si fuera un valor (...). Los conceptos tampoco son nunca simples. Sus múltiples aspectos pueden ser descubiertos, las ramificaciones, tradiciones e historias que convergen en su uso actual pueden ser evaluadas una a una. Los conceptos casi nunca se utilizan exactamente de la misma forma. Por tanto, es posible debatir sobre el modo en que se utilizan haciendo referencia a las tradiciones y escuelas en las que surgieron, lo que permite valorar la validez de sus connotaciones (...). Los conceptos no son solo herramientas. Plantean problemas subyacentes de instrumentalismo, realismo y nominalismo, así como la posibilidad de interacción entre el analista y el objeto. (pág. 36-37).

Desde estas perspectivas, conceptos como mediación y creatividad, podrían considerarse hoy como parte del patrimonio conceptual común de los campos profesionales que integran la Comunicación (Comunicación Social, Periodismo, Publicidad y Diseño Gráfico). El análisis sobre las relaciones, usos y significaciones de estos conceptos - particularmente el concepto de mediación-, permite afirmar que las dinámicas de la mediación entretejidas en los diversos procesos de producción, circulación y consumo de productos, mensajes, informaciones y sentidos, hablan de lo que la mediación "hace" en el ámbito de las prácticas profesionales y académicas de estos campos y a su vez, permitirían pensar en la mediación como "concepto viajero". En este orden de ideas, la mediación, como se explicará más adelante, cumple con otro principio expuesto por Bal (2002):

> "El último elemento que define a un concepto es la capacidad fundacional inherente a su descubrimiento. Esto permite describir los fenómenos y experimentar con ellos, lo que a su vez posibilita una intervención real, un nuevo concepto funda un objeto consistente en categorías claramente definidas (...) podríamos decir que un buen concepto sirve para fundar una disciplina o campo científico" (pág. 43).

Considerando entonces la propuesta de Bal y los principios que respaldan su tesis de la migración conceptual, en el siguiente apartado se presenta una reflexión a partir del concepto "mediación". Este análisis evidencia cómo la "mediación" ha estado inmersa en la configuración de campos como la comunicación, la publicidad y el diseño gráfico y cómo también ha sufrido diferentes transformaciones en función de diferentes momentos.

Sin embargo, es de anotar que el proyecto de investigación identificó más de 10 categorías las cuales cobijan de manera transversal los campos de la Comunicación, el Diseño Gráfico y la Publicidad, para el caso de los programas de la Facultad de Ciencias de la Comunicación. Para dar otros ejemplos: la categoría "narrativas" que está relacionada con las formas de expresión, gramáticas y el uso de diferentes lenguajes para narrar y representar la realidad aparece como concepto convergente y viajero entre los campos mencionados; así, la publicidad emplea narrativas como la retórica para generar mensajes persuasivos que influencien dinámicas de consumo o cambios en actitudes y comportamiento de las personas; por otra parte, el comunicador social, como mediador, puede emplear el lenguaje transmedial para generar gramáticas de pensamiento en los sujetos y, por su parte, el diseñadorgráfico emplea la estructura icónica y visual para transmitir un mensaje y estimular a percepción desde gramáticas propias de su campo.

De manera complementaria, se encontró la categoría "creatividad", que si bien no ha desarrollado un discurso fuerte sobre su pertinencia epistemológica en los campos de la comunicación mencionados, si ha sido una categoría evidente y materializada en los productos, soportes, artefactos, procesos y soluciones sobre las que trabaja la publicidad, el mercadeo, el diseño gráfico o la comunicación. Así, ha sido de interés para el programa de comunicación social de la Facultad, analizar cómo los procesos de comunicación pensados de la creatividad han logrado una reinvención y transformación de la realidad; el diseño por su parte toma su sustento de la creatividad a la hora de generar ideas y resolver problemas desde procesos de planeación estructurados y la publicidad cada vez requiere de mayor creatividad para cautivar y lograr una mayor experiencia con su "cliente o consumidor". Como se observa, existen diferentes categorías, que desde la reflexión sobre sus dinámicas y usos en los campos mencionados, puede llevarnos a considerarlas dentro del contexto formulado, como conceptos viajeros en comunicación.

3. La mediación como concepto viajero en comunicación

La noción de comunicación se vincula tanto a los debates de la comunicación como campo académico, particularmente al debate de la comunicación como mediación en el contexto latinoamericano, como a la comprensión de la comunicación como un proceso complejo y, a su vez creativo, de interrelaciones en los procesos de producción, circulación y consumo de productos y sentidos, traducidos en la construcción novedosa de mensajes, nuevas narrativas, contenidos diversos y/o estrategias comunicativas.

El análisis sobre el concepto de mediación permitió abrir la investigación en comunicación porque desplazó el estudio sobre los medios que venía siendo central para los estudiosos de este campo, para interesarse en nuevas formas de comprender, analizar e interpretar la comunicación como fenómeno de estudio, desde el sujeto. En esta perspectiva,

> (...) de la mano de autores regionales como Jesús Martín-Barbero, José Joaquín Brunner, Renato Ortiz y Néstor García-Canclini, surgieron conceptos como mediación e hibridación, que transformaron la manera como se entiende la comunicación, el papel de los medios, su relación con las dinámicas culturales y los vínculos entre cultura popular y cultura masiva. Esa Escuela Latinoamericana nunca se cerró sobre sí misma sino que entabló un diálogo permanente con tradiciones intelectuales de otros lugares, sin perder de vista su especificidad (Valencia R., 2012, pág. 157)

Esta manera de ver la realidad permitió entonces reconocer el papel de los sujetos, ya no desde un único lugar como "receptores"[5], pues no están condicionados por los intereses del medio, sino como co-creadores[6] de mensajes y de significado, en tanto que son las personas quienes en su proceso de resignificación, actualizan, dinamizan y asignan diferentes significados y

---

[5] El concepto de "receptor" también puede ser considerado como "Concepto viajero". La palabra receptor ha migrado hacia "público" si se trata de pensar desde la comunicación estratégica, o "target" si se toma en cuenta la jerga de la publicidad o el mercadeo, o "audiencias" si se piensa en los medios masivos.

[6] Sujetos capaces de construir con otros sujetos de formas de ver y dar sentido a la realidad.

valor a los contenidos que difunden los medios, construyendo también nuevos sentidos. Ahora bien, en este escenario y con la acelerada evolución de las tecnologías de información y comunicación, este fenómeno es cada vez más potente. Lo anterior entonces muestra que el concepto de "mediación" visto desde el proceso lineal y mecánico de envío de información a través de algún medio que se enmarcó en las escuelas de corte funcionalista,se ha transformando para dar lugar a una nueva forma de interpretación, ya no desde el medio sino desde el sujeto y desde su capacidad de interacción con otros.

Es de anotar que a partir del análisis de la relación comunicación y cultura surgieron diferentes nociones de mediación. Barbero (1988) planteó una teoría social de la comunicación que tuviera por eje la mediación, la cual entiende como un modelo pertinente para estudiar la interdependencia entre la conciencia, las conductas y lo bienes, lo que lleva a pensar las lógicas de la comunicación en las formaciones sociales. Por su parte, Martín-Serrano (1993) planteó que los medios son instituciones mediadoras porque seleccionan los diferentes aconteceres que harán públicos, es decir, eligen el qué comunicar; además de seleccionar el objeto a comunicar relacionan los datos que tienen de este acontecer con conceptos, produciendo relatos y, por último, seleccionan el soporte por el cuál dan a conocer el relato; así los medios realizan una mediación en la medida que establece un marco referencial para las personas, que a su vez genera un referente para juzgar el acontecer (Martín-Serrano, 1993).

Incluir el concepto de mediación en el debate de la comunicación y como "concepto viajero en comunicación", contribuye a ampliar el horizonte de reflexión y estudio de las prácticas comunicativas, pero sobre todo acerca del uso creativo que tienen las personas de los contenidos mediatizados y su capacidad para resignificarlos al usar otros referentes o marcos de sentido diferentes a los utilizados por los emisores primarios, especialmente, los medios masivos. Igualmente, implica entender que dicha mediación adquiere grados de complejidad, mayores si comprendemos que esos procesos de asignación de nuevos significados y producción se han hecho más complejos con la incursión de las Tecnologías de la Información y la Comunicación.

En consecuencia, los procesos de producción-circulación-consumo, etapas que pretenden describir tanto los factores y actores que inciden en las condiciones de producción de mensajes, como la formación de un ecosistema comunicativo de circulación de dichos mensajes y la apropiación de sentidos por parte de las audiencias, hoy en día son resignificados a la luz del universo de interrelaciones y dinámicas cambiantes que nuevos fenómenos comunicativos anclados en plataformas y dispositivos tecnológicos imprimen a las prácticas comunicativas y a las lógicas del ecosistema mediático:

Al convertir a su mercancía en una masa inquieta de bits, las comunicaciones digitales han renovado todas las fases del proceso social de producción. A las nuevas maneras de crear la comunicación -que desafían a la «producción en serie de bienes estándar» denunciada por Adorno y Horkheimer (1981)- se suceden lógicas de distribución innovativas y una reconfiguración de las formas de consumo cultural (García Canclini, 2007). La comunicación digital pone en jaque a un modo de producción cultural nacido en el siglo XV con la imprenta -la «primera línea de producción», como no se cansaba de repetir McLuhan- y consolidado en el período que abarca desde la segunda mitad del siglo XIX hasta la primera mitad del XX, en un arco temporal que va de la prensa de masas a los medios electrónicos(Scolari, 2008, pág. 185).

Lo anterior propone entonces la reconfiguración del concepto de "mediación" en respuesta a las nuevas realidades comunicativas lo que a su vez evidencia uncambio en estas dinámicas, las cuales comprometen marcos culturales, diversificación en la producción de artefactos comunicativos, inclusión de plataformas y dispositivos tecnológicos, nuevas dinámicas de circulación y consumo y, por supuesto, la interacción permanente del sujeto mediador con las necesidades y percepciones de los más diversos públicos (públicos prosumidores).

De esta manera, al entender la comunicación como proceso intrínsecamente asociado a la cultura y, en esa medida, a la configuración social y, por ende, a la tensión política, la mediación se vincula, por ejemplo,alas formas creativas que los movimientos sociales, las comunidades, los colectivos, las organizaciones, en fin, los sujetos usan los contenidos expuestos por los medios masivos, pero también la forma en que ellos construyen y socializan sus relatos con respecto a sus significados, intereses o necesidades a nivel cotidiano, haciendo uso de diferentes tecnologías.

"Por eso, Martín-Barbero (1993) insiste en que el estudio de la comunicación debe enfocarse, más que en los medios, en los sitios y procesos en los que los medios son resignificados: en las mediaciones sociales que les dan sentido. Tal como sostienen teóricos posmarxistas occidentales" (Valencia R., 2012, pág. 161).

Esto implica ejercicios creativos en la medida que pasan por articulaciones novedosas que permiten nuevas construcciones de sentido, como se ve en los memes y mensajes sarcásticos que se convierten en tendencia en las redes sociales. A este respecto,

La Escuela Latinoamericana de la comunicación hace una diferencia clave entre cultura popular y cultura masiva, que permite comprender las industrias culturales y los medios como espacios de producción y circulación de culturas, que corresponden no solo a innovaciones tecnológicas o movimientos del capital, sino, también, a nuevas formas de sensibilidad (Martín-Barbero, 2002a, citado por Valencia R., 2012, pág. 162)

Además, se observa un vínculo de la comunicación y la mediación cuando esta última permite producir expresiones novedosas para colarse en el mundo; formas y sentidos que permiten a las personas salir del anonimato, dar a conocer la diferencia, movilizar a otros en torno a alguna causa, y, consecuentemente, expresar una visión de mundo que ratifica porqué la "mediación" es un concepto que viaja y se encuentra en permanente transformación, no sólo desde el ámbito teórico, sino desde la experiencia de los propios sujetos.

4. Conclusiones

La "mediación" como se observó, es un ejemplo de cómo un concepto puede viajar y transformarse, incorporando nuevos sentidos y significados. La mediación en comunicación, entendida como esa capacidad que tienen las personas, los colectivos o las comunidades de apropiarse y resignificar los contenidos y el uso que se le da a los medios de comunicación, es una evidencia de ello. El paradigma funcionalista de la comunicación de mitad de siglo XX concentró su interés respecto a la mediación en el papel del medio. La evolución del concepto, nos permite hoy a académicos y estudiosos de la comunicación tener un cierto consenso y una cierta aprobación sobre lo que significa el concepto de mediación en comunicación.

Por otro lado, se podría afirmar que si bien la propuesta de Bal respecto a los conceptos viajeros no va a resolver la complejidad que implica el estudio de la comunicación, si permite encontrar otras perspectivas para pensar la comunicación y su conexión con otros campos. De ahí que la metodología de los conceptos viajeros se propone como una manera de facilitar el análisis, en este caso, de las convergencias (teóricas, metodológicas y prácticas) en los campos de la comunicación, el diseño gráfico y la publicidad. De acuerdo con Bal (2002), los conceptos necesitan ser explícitos, claros y definidos para que las personas los puedan adoptar y utilizar y para que puedan servir para "ayudar a articular un cierto entendimiento", a pesar de que estos sean flexibles y viajen en el tiempo.

> Pero los conceptos sólo pueden realizar esta tarea, la tarea metodológica que anteriormente realizaban las tradiciones disciplinares, con una condición: que se sometan a escrutinio no solo mediante su aplicación a los objetos culturales que examinan, sino a través de la confrontación con ellos, ya que los mismos son sensibles al cambio y sirven para revelar diferencias históricas y culturales. El cambio de metodología que estoy proponiendo, se basa en una relación particular entre sujeto y objeto, una relación que no se conforma en base a una oposición vertical y binaria entre los dos. En lugar de ello, esta relación tiene como modelo la interacción, en el sentido que el término tiene en "interactividad". La razón por la que tomarse en serio los conceptos resulta provechoso para todos

los campos académicos, pero especialmente las humanidades, que cuentan con muy pocas tradiciones aglutinadoras, es esta potencial interactividad y no una obsesión con el uso "correcto" de las palabras (Bal, 2002, págs. 30-31).

No obstante, en este trabajo reconocemos que es posible que nuevos conceptos emerjan a partir de este planteamiento e incluso como consecuencia de las condiciones actuales en las que se piensa la investigación en comunicación, el diseño gráfico y la publicidad, sin embargo, esta reflexión sirve de punto de partida para reconocer en dónde nos encontramos yquizá repensar el horizonte hacia el que nos dirigirnos. Claramente, este ejercicio muestra un elemento en común: la necesidad cada vez más apremiante de entender la comunicación con un proceso inter y si se quiere transdisciplinar.

5. Bibliografía

- Bal, M. (2002). Conceptos viajeros en las humanidades.Toronto: University of Toronto Press.

- Barbero, J. M. (1988). Euforia tecnológica y malestar en la teoría. Diálogos de la comunicación(20), 1-14.

- Martín-Serrano, M. (1993). La mediación en los medios de comunicación. En E. Moragas, Sociología de la comunicación de masas (págs. 141-162). México: Gili.

- Neumann, B., & Nünning, A. (2012). Travelling Concepts for the Study of Culture. Boston : De Gruyter.

- Scolari, C. (2008). Hipermediaciones: Elementos para una Teoría de la Comunicación Digital. Barcelona: Gedisa.

- Valencia R., J. C. (2012). Mediaciones, comunicación y colonialidad: encuentros y desencuentros de los estudios culturales y la comunicación en Latinoamérica. Signo y pensamiento, 31(60), 156-165.

- Vázquez-Alonso, Á., & Manassero-Mas, M.-A. (2017). Interdisciplinariedad y conceptos nómadas en didáctica de la ciencia: consecuencias para la investigación. Revista Eureka sobre Enseñanza y Divulgación de las Ciencias, 24-37

EL CONCEPTO DE TRIANGULACIÓN METODOLÓGICA APLICADO AL ESTUDIO CIENTÍFICO DE LAS RELACIONES PÚBLICAS.

Marta Pulido Polo

1. INTRODUCCIÓN

1.1. Interés del tema

Según el estudio realizado por Castillo y Carretón (2010:322) casi un 24% de los artículos de investigación en comunicación no utiliza metodología alguna. Este porcentaje de carencia metodológica se concentra en torno a las temáticas de radio y comunicación en general (con un 66,7% cada uno), internet y nuevas tecnologías (con un 57,1%), televisión (37,1%) y responsabilidad en los medios (31%). En este sentido, parece necesario insistir en que la investigación en el ámbito de la comunicación en general y de las relaciones públicas en particular, al igual que sucede en otra áreas disciplinares, exige una aproximación epistemológica que, sustentada en adecuados diseños metodológicos, garantice la aplicación del método científico en pos de proporcionar resultados objetivos válidos que alimentan el corpus doctrinal de una disciplina aún joven que posee un corto recorrido científico – empírico.

Para Pulido (2016) las relaciones públicas pueden definirse como *un proceso a través del cual las organizaciones tratan de establecer y mantener relaciones, duraderas y de interés mutuo, con los públicos clave de su entorno con la finalidad de generar un clima cordial en el que la organización pueda desarrollar, fácil y eficazmente, sus metas institucionales o corporativas.* Desde esta perspectiva, el estudio científico de esta disciplina se encarga de analizar y profundizar el modo en que las organizaciones, públicas o privadas, gestionan la amalgama de relaciones que las interconectan con otras organizaciones del entorno creando así un sistema de comunicación bidireccional con los públicos de su entorno con una finalidad ligada a la percepción pública de las organizaciones, bien en la forma de reputación corporativa, bien en otras formas de gestión de la opinión pública.

Bajo este enfoque, el estudio de las relaciones públicas se enmarca en el ámbito de la gestión de la comunicación y, por tanto, en el de las ciencias sociales y debe someterse consecuentemente a los procesos, métodos, técnicas y herramientas de investigación que regulan la investigación científica en el ámbito de las ciencias sociales. Sería ridículo, sin embargo, negar que existe una aproximación a las relaciones públicas desde la perspectiva de las ciencias económicas, en particular desde el ámbito del marketing, que favorece, como veremos a lo largo de este capítulo, un estudio instrumentalizado de las relaciones públicas dentro del mix de marketing, orientado al apoyo de la consecución de los objetivos económicos tanto de las organizaciones lucrativas como de las no lucrativas, como es el caso del marketing social.

En este contexto, el interés de este trabajo se justifica en si mismo desde dos perspectivas:

- En primer lugar, porque evidencia la necesidad de reivindicar, profundizar y asentar la investigación científica de las relaciones públicas desde las bases epistemológicas de las ciencias sociales, frente a otras aproximaciones limitantes e instrumentalizadas de la disciplina.

- En segundo lugar, porque, a la vista de recientes trabajos científicos, resulta evidente que es necesario exigir y demandar una mayor profundidad metodológica en los estudios, pretendidamente de corte científico, que incrementen el rigor de estas investigaciones y codayuve a consolidar la investigación científica de calidad en relaciones públicas sustentada en los principios epistemológicos fundamentales de la investigación en ciencias sociales.

1.2. Metodología, hipótesis y objetivos

En este contexto, el presente texto parte de la hipótesis de que en la actualidad, el campo de la literatura existente sobre relaciones públicas se caracteriza por una literatura de carácter práctico profesional y un escaso tratamiento teórico científico desde la perspectiva de las ciencias sociales que adolece, además, de una carencia flagrante de estudios significativos de corte epistemológico en torno a los métodos y técnicas más adecuados para el análisis de la gestión de la comunicación organizacional desde una perspectiva empírica.

Bajo esta premisa, el objetivo principal de la presente investigación teórica es identificar aquellos métodos y técnicas de investigación en ciencias sociales más adecuadas para facilitar la sustentación metodológica de todos aquellos trabajos que pretendan abordar científicamente las relaciones públicas desde la perspectiva de las Ciencias Sociales. Para alcanzar este objetivo principal, será necesario abordar los siguientes objetivos secundarios:

OS1: Introducir el estado de la cuestión en torno a los trabajos previos sobre la investigación científica de la comunicación organizacional

OS2: Contextualizar el marco teórico-doctrinal de las relaciones públicas

OS3: Realizar un acercamiento a los diversos enfoques desde los que se han venido trabajando las relaciones públicas

OS4: Construir una propuesta metodológica sustentada en el concepto de triangulación para el estudio científico de las relaciones públicas desde la perspectiva de las ciencias sociales.

Para alcanzar cada uno de estos objetivos, se realiza un diseño metodológico fundamentado en un análisis teórico que se sustenta en el uso de fuentes secundarias, realizando, en este sentido, una revisión bibliográfica orientada a obtener un marco teórico adecuado capaz de realizar una aproximación epistemológica al proceso de la investigación científica en el contexto de las ciencias sociales para pasar con posterioridad a proponer un modelo metodológico eficaz basado en el concepto de triangulación capaz de adaptarse a las necesidades específicas que requiere el estudio de aquellas cuestiones investigables, desde una perspectiva empírica, pertenecientes al ámbito disciplinar de las relaciones públicas y la gestión de la comunicación organizacional.

2. CONTEXTO TEÓRICO-CONCEPTUAL DE LAS RELACIONES PÚBLICAS

Las relaciones públicas son un fenómeno complejo que ha tratado de ser explicado a lo largo de su historia a través de diversas perspectivas teóricas y funcionales. En este contexto, la transdisciplinareidad de la que necesariamente se nutren las relaciones públicas se traduce en una amplia diversidad de paradigmas teóricos que coexisten en la actualidad generando diferentes corrientes terminológicas y conceptuales que han sido compilados y catalogados por una amplia diversidad de autores.

Tomando como punto de partida la revisión realizada por Compte-Pujol (2016: 371 – 386), las clasificaciones que mejor explican estas perspectivas teóricas que determinan la evolución del concepto de relaciones públicas son las de Botan y Taylor (2004) y Botan (2009), Grunig (2009) y Edwards (2012).

Cuadro 1. Paradigmas de las relaciones públicas

Autores (año)	Corrientes teórico-prácticas
Nick Trujillo y Elizabeth Lance Torth (1987)	Perspectivas funcionalistas Perspectivas interpretativas Perspectivas críticas
Carl H. Botan y Maureen Taylor (2004)	Paradigma funcional Paradigma co-creacional
Jordi Xifra (2006)	Perspectiva psicosocial Perspectiva funcional Perspectiva pragmática Perspectiva normativa Perspectiva instrumental Perspectiva estructural Perspectiva relacional
Mª Isabel Míguez González (2006)	Primeras concepciones Perspectiva sistémica Paradigma relacional Paradigma reputacional Perspectiva crítica Perspectiva retórica Perspectiva de la comunidad Corriente postmodernista Perspectiva reflexiva Corriente de la esfera pública Nueva perspectiva de sistemas Perspectiva transicional Perspectiva de la sociedad civil Perspectiva dialógica
James E. Grunig (2009)	Paradigma conductual-de gestión estratégica Paradigma simbólico-interpretativo
Lee Edwards (2012)	Paradigma funcionalista Paradigma no funcionalista
Andréa Oliveira dos Santos (2013)	Paradigma organizacional Paradigma retórico Paradigma crítico

Fuente: elaboración propia a partir de la revisión de Compte-Pujol (2016: 371 – 386)

2.1. La doble perspectiva de Botan y Taylor (2004)

Botan y Taylor (2004) analizan la historia de las relaciones públicas y observan una tendencia evolutiva que transita desde una perspectiva funcional (*functional perspective*) que se sitúa en los orígenes de las relaciones públicas a una perspectiva co-creacional (*co-creational perspective*) más actual.

Para Botan (2009) la perspectiva funcional, característica de los primeros años de desarrollo de la disciplina, se sustenta en una visión instrumental del proceso de comunicación relacionista que utiliza los públicos y la comunicación como herramientas o medios para lograr los fines de la organización. Es decir, es un enfoque que se centra generalmente en las técnicas y en la producción de mensajes organizativos estratégicos y en el que la investigación es relevante si contribuye a los objetivos organizacionales. De forma contraria, la perspectiva co-creacional supera este enfoque técnico generando un nuevo paradigma más humanista en el que los públicos cobran un mayor protagonismo como co-creadores de significado y de comunicación, permitiendo de este modo consensuar significados, interpretaciones y metas (en busca del beneficio mútuo). Esta perspectiva co-creacional parte de una concepción más actual de las relaciones públicas que se centra en la gestión de unas relaciones donde la organización y sus públicos interactúan como iguales y en el que la investigación se utiliza para avanzar en la búsqueda de la comprensión mutua. La perspectiva co-creacional ensalza el valor de las relaciones que, bajo este enfoque, van más allá del logro de una meta organizacional y donde los públicos no son sólo un medio para un fin.

2.2. Los paradigmas relacionistas según Grunig (2009)

Partiendo de la Teoría organizacional de Hatch (1997), Grunig (2009:8-10) identifica dos paradigmas clave para el estudio y la práctica de las relaciones públicas: la perspectiva simbólica o interpretiva (*symbolic, interpretive paradigm*) y la perspectiva de gestión estratégica o conductual (*strategic management, behavioural paradigm*).

La perspectiva simbólica o interpretativa representa una visión táctica de las relaciones públicas que se centra en las interpretaciones cognitivas que los públicos hacen de la organización e términos de imagen, reputación, marca, o identidad.

Sin embargo, la perspectiva de la gestión estratégica o conductual evidencia una visión estratégica a través de la cual las relaciones públicas deben colaborar en la toma de decisiones estratégicas de las organizaciones para coadyuvar a la gestión de su comportamiento en función de las necesidades de los públicos de su entorno. De este modo, sin excluir las actividades tradicionales de las relaciones públicas (relaciones con los medios, difusión de la información, etc.) este paradigma contempla las relaciones públicas como un sistema de comunicación bidireccionalidad que permite:

- Dar voz a los públicos en la toma de decisiones estratégicas y

- Favorecer el diálogo entre la organización y sus públicos, antes y después de la toma de decisiones.

2.3. El contexto teórico de las relaciones públicas de Edwards (2012)

Edwards (2012: 8-30) parte inicialmente de las tradicionales aproximaciones funcionales y no funcionales (functional and non-functional approaches) de las relaciones públicas para, finalmente, superarlas a través de un nuevo paradigma integrador sustentado en el concepto de continuidad, entendido como un medio de conectar los diferentes enfoques teóricos subyacientes a la investigación relacionista.

Para Edwards (2012: 21- 23), dada la importancia de la variedad paradigmática, el conflicto y la hibridación para el desarrollo de las ciencias sociales (Dogan, 1996), es necesario reconceptualizar las relaciones públicas desde postulados reflejen la pluralidad de los diversos puntos de vista y genere un contexto más equilibrado para su interacción. Bajo esta perspectiva holística, define las relaciones públicas como un flujo de la comunicación intencional producido por individuos, grupos formalmente constituidos y constituidos de manera informal, por sus transacciones continuas con otras entidades sociales que tiene efectos sociales, culturales, políticos y económicos a nivel local, nacional y mundial[7].

3. QUÉ SON LAS RELACIONES PÚBLICAS

Las relaciones públicas se definen como un proceso estratégico a través del cual se diseña e implementa un sistema de comunicación dialógica encaminado a gestionar las interrelaciones que se establecen entre las organizaciones, entendidas como estructuras sociales (Xifra, 2009), y sus públicos clave. La finalidad de este proceso es buscar un consenso de intereses que permita a ambos sectores un entendimiento mutuo, orientado a la satisfacción de sus expectativas y necesidades.

---

[7] Texto original: "I define PR as the flow of purposive communication produced on behalf of individuals, formally constituted and informally constituted groups, through their continuous trans-actions with other social entities. It has social, cultural, political and economic effects at local, national and global levels" (Edwards, 2012: 21).

3.1. Los planteamientos estratégicos y gerenciales de las relaciones públicas derivados de la teoría de las relaciones públicas

3.1.1. La perspectiva bidireccional

La perspectiva bidireccional de las relaciones públicas nace de la mano de las primeras teorizaciones de la disciplina con Bernays (XXXX) que ya describía el proceso relacionista como una calle de doble dirección a través de la cual el público es capaz de interpretar y entender a la organización y la organización al público. Esta perspectiva pone el punto de atención en la capacidad de las relaciones públicas para generar un feedback constante entre la organización y sus públicos que permite a la organización conectarse de forma adaptativa con las actitudes, necesidades y expectativas de sus stakeholders. Bajo este enfoque la finalidad de las relaciones públicas es pues que la organización, a través de su comportamiento y acciones, pueda responder a las necesidades de los públicos ante la que es interpretada.

El modelo de la co-orientación. El logro del acuerdo, su precisión y su percepción constituyen el consenso, finalidad última de las relaciones públicas. Fuente: Austin y Pinkleton (2015: 64)

3.1.2. La perspectiva dialógica

La perspectiva dialógica se deriva de la perspectiva bidireccional por cuanto ambas concepciones de las relaciones públicas parten del concepto procesual de las relaciones públicas que las describe como un intercambio constante de información organización-público. Sin embargo, a diferencia de la perspectiva bidireccional, la perspectiva dialógica, como su propio nombre deja adivinar, centra el interés de la disciplina en el establecimiento de un diálogo continuado y fluido entre dos partes iguales que se sustenta en los principios simétricos bidireccionales. Bajo esta perspectiva la finalidad de las relaciones públicas es establecer una conversación abierta y constante de tú a tú a través de la cual la organización y sus públicos encuentren y mantengan puntos intermedios de entendimiento mutuo.

3.1.3. La perspectiva sistémica

La perspectiva sistémica de las relaciones públicas (Grunig, 2000) parte de una concepción sistémica de las organizaciones a través de la cual las organizaciones son sistemas que se interrelacionan en términos de consecuencias recíprocas con otros sistemas de su entorno. Estas consecuencias producen desequilibrios entre los intereses de la organización y los del resto de sistemas del entorno con los que se interpenetra (públicos). En este contexto, las relaciones públicas, concebidas a su vez como un subsistema de la organización integrado en la cúpula directiva, se encargan de gestionar la comunicación interna y externa de la organización. Desde una perspectiva sistémica, la finalidad de las relaciones públicas es recuperar el equilibrio de intereses entre la organización y los públicos de su entorno a través de la gestión de la comunicación.

3.1.4. La perspectiva relacional

La perspectiva relacional de las relaciones públicas (Ledigham y Brunning, 1998; Ledigham, 2003; Ledigham, 2011) centra el foco de atención de las relaciones públicas en el concepto relación y no en el de comunicación y sostiene que la naturaleza de las relaciones públicas debe orientarse hacia la gestión de las red de relaciones que anclan a la organización en su entorno a través del empleo subsidiario de técnicas de comunicación. La comunicación, por tanto, deja de ser el núcleo central de la teoría relacionista para convertirse en un elemento importante pero auxiliar para la gestión de las relaciones organización- públicos. Es decir, desde esta perspectiva, la finalidad de las relaciones públicas es gestionar el complejo entramado de interrelaciones que una organización establece con los públicos de su entorno.

3.2. El planteamiento instrumental de las relaciones públicas derivados de la teoría del marketing

Resulta innegable reconocer que, aunque desde premisas muy diferentes a las anteriormente expuestas, existe una fuerte conceptualización instrumental de las relaciones públicas desde el ámbito del marketing que, en general, son ampliamente rechazados por el mundo académico y profesional de las relaciones públicas y la comunicación.

A grandes rasgos, las principales críticas que el sector relacionista realiza sobre estos enfoques derivados del marketing se pueden resumir en tres grandes aspectos:

- El carácter instrumental que el marketing arroja sobre las relaciones públicas limita y adultera su función gerencial y estratégica, incluyéndola como una actividad propia del departamento de marketing.

- Cuando las técnicas de relaciones públicas se utilizan en programas o campañas de marketing, pierden su esencia relacionista puesto que su finalidad se subyuga a objetivos empresariales ligado a lo económico.

- El marketing suele circunscribir a las relaciones públicas al ámbito empresarial, aspecto que no corresponde al concepto relacionista de gestión de la comunicación organizacional. Es decir, las relaciones públicas se ocupan de la gestión de las relaciones entre cualquier tipo de organización (formal e informal, empresarial o institucional) y sus públicos

En general, el marketing considera a las relaciones públicas como un conjunto de técnicas (de ahí el carácter instrumental al que se hacía referencia en párrafos anteriores) que, junto a la publicidad, el marketing directo o las fuerzas de venta, se engloban bajo el concepto de promoción, una de las conocidas como 4 P´s del marketing mix.

La expresión marketing mix hace referencia al conjunto de variables denominadas "controlables" del marketing: precio, producto, promoción y distribución y que, cuyas siglas en inglés, suponen las 4 P´s del mix de marketing (price, product, promotion, place).

3.2.1. Las relaciones públicas comerciales o de marketing de Kotler y Keller

Para Kotler y Keller (2006: 629- 630) las relaciones públicas comprenden una variedad de programas diseñados para promover o proteger la imagen de la empresa o de sus productos individuales, y su finalidad se orienta hacia el control de las actitudes del público a través de la difusión de información que trata de despertar sentimientos favorables hacia la empresa. Para ello, las relaciones públicas desarrollan cinco funciones principales:

- Relaciones con la prensa

- Publicidad de productos

- Comunicación corporativa

- Grupos de presión y lobbying

- Asesoramiento

Bajo este enfoque, diferencian dos tipos de relaciones públicas que deben gestionarse desde el departamento de marketing: las relaciones públicas sociales y las relaciones públicas comerciales o de marketing.

Mientras que las relaciones públicas sociales se orientan hacia la generación de una corriente de opinión favorable a la empresa, las comerciales desempeñan una función crucial que contribuye a las siguientes tareas específicas:

- Apoyar el lanzamiento de nuevos productos, tal y como demuestra el éxito comercial de juguetes como las Tortugas Ninja o los Pokemon.

- Ayudar al reposicionamiento de productos maduros, como las que se efectúan cada año en torno al fomento del turismo en Andalucía, bajo el claim "Andalucía te quiere"

- Despertar el interés de productos para revitalizar determinadas categorías de productos como la actual campaña que posiciona los beneficios de la carne de cerdo como carne blanca.

- Influir a grupos de consumidores, como las campañas de desestacionalización del consumo de helado, que animaba a los padres a dar porciones adecuadas de helado a los niños por su contenido en calcio.

- Defender productos que se han enfrentado a problemas públicos, como la campaña de Samsung ante la crisis de la gama Galaxi Note 7 o el caso de Nestlé con el caso de Kit Kat y el aceite de palma.

- Transmitir la imagen de la empresa (y su líder) de tal modo que afecte a sus productos como por ejemplo en el caso de IKEA o Apple.

3.2.2. El enfoque táctico de las relaciones públicas en el marketing de Santesmases.

Para Santesmases (2013: 261-265) las relaciones públicas aluden al conjunto de actividades a través de las cuales las organizaciones consiguen, mantienen o recuperan la aceptación, confianza y apoyo de sus públicos internos (colaboradores, trabajadores, colaboradores, accionistas, proveedores y sindicatos) y externos (clientes, clientes potenciales, medios de comunicación, líderes de opinión y sociedad general) con la finalidad de crear una imagen positiva.

Bajo este prisma táctico, clasifica las relaciones públicas en tres categorías fundamentales:

- Relaciones públicas internas: se definen como el conjunto de actividades dirigidas a los públicos internos para conseguir un incremento de la productividad.

- Relaciones públicas con los medios de comunicación: forman parte de las relaciones públicas externas pero dada su elevada importancia requieren una categoría propia. Son el conjunto de herramientas orientadas a establecer una comunicación "tú a tú" con el periodista para que la información pueda llegar al público final de la empresa a través de los medios de comunicación.

- Relaciones públicas externas: son aquellas que sirven para generar una percepción positiva no solo entre los compradores y los consumidores sino también entre los prescriptores, los líderes de opinión y la sociedad en general.

Curiosamente, establece el patrocinio y el mecenazgo como herramientas independientes de las relaciones públicas al servicio del marketing.

3.2.3. Las relaciones públicas en la promoción comercial de Reinares y Paredes

Reinares y Paredes (2003: 500 - 514) entienden las relaciones públicas como *un conjunto de acciones de comunicación orientadas a crear vínculos de relación permanente con los públicos afectados por la empresa* con el objetivo de conseguir su credibilidad y confianza.

Desde esta perspectiva establecen nueve principales áreas de actuación de las relaciones públicas:

- Relaciones con los medios de comunicación: son aquellas acciones a través de las cuales la empresa difunde la información aprovechando su capacidad de conformar la opinión pública

- Publicity: son noticias comerciales de interés, no pagadas, que contienen un alto grado de credibilidad

- Relaciones con los trabajadores: en colaboración con recursos humanos, son aquellas orientadas a responder a las necesidades y expectativas del público interno.

- Relaciones con los inversores o accionistas: son aquellas encaminadas a generar confianza entre la comunidad financiera de la organización.

- Relaciones institucionales y asuntos públicos: describe la participación de la organización en las políticas públicas así como las relaciones con la competencia, asociaciones sectoriales y otras organizaciones.

- Relaciones corporativas: gestionan la imagen y la reputación de la organización desde sus valores corporativos.

- Relaciones con la comunidad: son aquellas acciones encaminadas a relacionarse con entidades no lucrativas así como comunidad local.

- Think tanks: consiste en situar determinadas temáticas sociales o ideológicas de interés social en la opinión pública

- Relaciones públicas de marketing: se definen como una estrategia planificada que potencia la adquisición de productos y servicios así como la satisfacción del consumidor a través de una gestión de la comunicación orientada a conectar a las empresas con los deseos necesidades e intereses de sus consumidores. Las relaciones públicas en la promoción comercial coadyuvan al cumplimiento de objetivos relacionados con:

  o Generar expectación previa en la opinión pública ante el lanzamiento de nuevos productos

  o Mantener la presencia de determinados productos en los medios de comunicación

  o Introducir nuevos productos en el mercado cuando se carece de presupuestos elevados

  o Proporcionar un valor añadido o diferencial a los productos o marcas

  o Apoyar las acciones de *cobranding* y el esfuerzo de los prescriptores.

4. HACIA LA PROPUESTA DE UN MODELO DE TRIANGULACIÓN METODOLÓGICA EN INVESTIGACIÓN CIENTÍFICA EN RELACIONES PÚBLICAS

Tradicionalmente, a la hora de iniciar y plantear el diseño metodológico de un determinado proceso de investigación científica de cualquier área, las tendencias cualitativas y cuantitativas se venían planteando como elementos antagónicos e irreconciliables. Es decir, había que elegir entre una investigación de corte cualitativo o una investigación de corte cuantitativo. Cuestión también frecuente en aquellos estudios propios del ámbito de la comunicación y las relaciones públicas. De hecho, tal y como afirman Castillo Esparcia y Carretón (2010: 322) en su análisis bibliométrico aplicado a la investigación en comunicación en el ámbito de las revistas científicas:

> La metodología cuantitativa supera con diferencia a la cualitativa en las investigaciones de comunicación, siendo el análisis de contenido la técnica más utilizada en las producciones científicas, seguida de le encuesta.
>
> La entrevista y la observación participante son las técnicas cualitativas que ocupan el tercer y el cuarto lugar, respectivamente, en el ranking sobre metodología utilizada por los autores en sus investigaciones. Con menor presencia se encuentran los artículos que utilizan el análisis de discurso (cuantitativo) y el *focus grup* (cualitativo).

Sin embargo, en los últimos años se viene imponiendo la necesidad de superar esta perspectiva inicial irreconciliable entre la perspectiva cualitativa y la cuantitativa en pos de beneficiar la consecución eficaz y eficiente de las cuestiones investigables habidas en un texto que pretende seguir el método científico. La segregación absoluta de los métodos y técnicas cualitativos de los cuantitativos, en la aplicación práctica de los procesos de investigación científica, queda cada vez más en desuso puesto que los investigadores están descubriendo en los últimos años las ventajas derivadas de las metodologías cuanti-cualitativas sustentadas, consecuentemente, en el concepto de la triangulación metodológica.

El concepto de triangulación proviene originariamente de la terminología propia de navegantes y cartógrafos y hacía referencia a la combinación de diferentes métodos y técnicas que permitieran, de forma integrada, localizar con mayor fiabilidad un punto geográfico.

Pero es Denzin (1970) quien incorpora el fenómeno de la triangulación a la investigación científica como una diversidad combinada de teorías, fuentes de datos, investigadores y metodologías para abordar de forma eficaz un mismo objeto de estudio. En este sentido, propone la existencia de cuatro tipos de triangulación (McKernan, 2001: 205):

- La triangulación de datos alude a la combinación de diversas fuentes de datos, por ejemplo primarios y secundarios, archivísticos y estadísticos, ...

- La triangulación de investigadores hace referencia a la intervención de varios investigadores en lugar de un solo investigador

- La triangulación teórica se orienta hacia la necesidad de exponer la diversidad de teorías en torno al objeto de estudio frente a la observación de una única perspectiva teórica

- La triangulación metodológica consiste en la combinación eficaz de diversas técnicas de recogida y análisis de datos dentro de un mismo método o a la triangulación entre métodos para acercarse con mayor exactitud a la porción de realidad analizada.

Para Waltz, Lea Strickland y Lenz (2010: 460-461) la triangulación metodológica descrita por Denzin implica el uso de múltiples métodos en un intento de disminuir las debilidades y los sesgos de cada método y aumentar su potencial para contrarrestar las debilidades y sesgos de un método con las fortalezas de los otros. Este concepto de triangulación se da generalmente en dos formas: intra-métodos y entre-métodos. La triangulación intra-métodos es más utilizado cuando el fenómeno objeto de estudio es multidimensional e implica necesariamente la utilización de dos o más técnicas, cualitativas o cuantitativas, dentro de un mismo método, para recolectar y analizar los datos. La triangulación entre-métodos implica la combinación de métodos cualitativos y cuantitativos en el contexto de una misma investigación.

En el ámbito concreto de las ciencias sociales, tal y como establece Pulido (2015):

> La triangulación es una de las ventajas derivadas de la utilización conjunta de métodos cualitativos y cuantitativos en el estudio de un mismo fenómeno (Pérez Serrano, 2004: 61). Su aplicación se caracteriza, por tanto, por el empleo de diferentes métodos, complementarios entre sí, para abordar un mismo objeto de estudio. Para validar su eficacia hay que poner el punto de atención en cómo los métodos empleados se complementan para corregir los inevitables sesgos que se hallan presentes en cada uno, favoreciendo de este modo "la optimización de los resultados, mejorando la fiabilidad, validez y operatividad de la investigación" (González Río, 1997: 287).

En este contexto podemos entender las ventajas derivadas del uso integrado y complementario de técnicas y métodos de investigación tanto cualitativos como cuantitativos en el área de la investigación científica derivada del estudio de la gestión estratégica de la comunicación organizacional. En concreto, si partimos de la funcionalidad social de relaciones públicas, propugnada por Noguero (1998), las evidencias de las ventajas derivadas de diseños metodológicos sustentados en el concepto de triangulación se materializan en su capacidad para:

- Coadyuvar a un análisis más profundo de las relaciones que se establecen entre una organización y los públicos de su entorno

- Determinar cómo y en qué cantidad las relaciones públicas practicadas por determinadas organizaciones responden, a través de esa función social de las relaciones públicas, a las demandas de las sociedades en las que se encuentran insertas

- Consolidar la investigación en relaciones públicas como una disciplina de trabajo científico propia del área de las ciencias sociales

- Definir un campo de conocimiento propio, con una metodología específica que sirva a los objetivos de estudio inherentes al estudio y la contrastación empírica encaminada a una mejora en el conocimiento y la transferencia de resultados aplicada la gestión estratégica de las relaciones

- Dotar a la investigación en relaciones públicas del estatus científico que le corresponde habida cuenta de la necesidad de adoptar diseños metodológicos, adecuados a la consecución de los objetivos investigables inicialmente planteados, que garanticen la aplicación del método científico y la contrastación empírica de la hipótesis de partida que debe guiar todo proceso de investigación científica.

5. CONCLUSIONES

Los diversos enfoques paradigmáticos expuestos, que profundizan en el conocimiento y el funcionamiento de las relaciones públicas como una disciplina sustentada en el intercambio proactivo y bidereccional de necesidades y expectativas entre una organización y la sociedad en la que se encuentra inserta, evidencian que el estudio de la gestión de las relaciones debe orientarse al estudio del complejo entramado de interrelaciones que nacen y se reproducen en el contexto social en el que una organización, pública o privada, lucrativa o no, se inserta. Esta red de interrelaciones termina por generar una amalgama de redes que anclan a la organización en su contexto y que debe ser gestionada para permitir la supervivencia de la organización que, por definición, debe su razón de ser a responder a las demandas de su habitat natural: la sociedad.

De este modo, los planteamientos intrumentales derivados de la teoría del marketing, resultan limitantes y se vislumbran insuficientes, para explicar todo el fenómeno social que se mueve en torno a la gestión de las relaciones que describe la perspective relacionista de Ledingham y Brunnig (1998) y Ledigham (2006).

Parece oportuno, por tanto, que dado el carácter multidisciplinar, interdisciplinar y transdisciplinar de los estudios que tratan de profundizar en el análisis de estas relaciones y de su getsión estratégica, un modelo metodológico basado en la triangulación metodológica y que integre, de forma complementaria, los métodos y técnicas cualitativas y cuantitativas, es el que mejor se adaptaría a la consecución de objetivos de investigación propios de las relaciones públicas.

En consecuencia, parece oportuno concluir que la incorporación del concepto de triangulación metodológica a los estudios científicos de las relaciones públicas permiten conocer mejor las causas y las consecuencias derivadas de su gestión, o ausencia de ella, así como del sistema de comunicación bidireccional que se establece entre la organizacióin y sus públicos, dada su complejidad como fenómeno objeto de estudio.

Pero, sobre todo, la adopción de modelos metodológicos diseñados en torno a la triangulación, bien de carácter intra-método, bien entre-método, favorecería de forma notable:

- El decremento de los evidentes sesgos y deficiencias metodológicas en que vienen incurriendo algunas de las investigaciones relacionistas que se proponen en la actualidad,

- La madurez investigadora de las relaciones públicas como disciplina científica perteneciente al área de las ciencas sociales

- El incremento de la fiabilidad de los resultados obtenidos.

Conviene recorder que, tal y como concluye Rodríguez Ruiz (2005)[8]:

> El principal objetivo de todo proceso de triangulación es incrementar la validez de los resultados de una investigación mediante la depuración de las deficiencias intrínsecas de un solo método de recogida de datos y el control del sesgo personal de los investigadores. De este modo puede decirse que cuanto mayor es el grado de triangulación, mayor es la fiabilidad de las conclusiones alcanzadas (Denzin, 1970).

6. REFERENCIAS BIBLIOGRÁFICAS

- ARMSTRONG, G y KOTLER, P. (2016). Marketing. Introducción. Madrid: Pearson.

- AUSTIN, E. W. y PINKLETON, B. E. (2015). Strategic Public Relations Management: Planning and Managing Effective Communication Programs. New York: Taylor & Francis.

- CASTILLO, A. Y CARRETÓN C. (2010). "Investigación en Comunicación. Estudio bibliométrico de las Revistas de Comunicación en España". Comunicación y Sociedad, Vol. XXIII, No. 2, 289-327.

- COMPTE-PUJOL, J (2016). "Revisión y clasificación de los paradigmas científicos de las relaciones públicas del s. XXI". Opción, Año 32, No. Especial 9, 371-386.

- CORBETTA, P. (2010). Metodología y técnicas de investigación social. Madrid: Mc Graw Hill.

- DENZIN, N. K. (1970). Sociological Methods: a Source Book. Chicago: Aldine Publishing Company.

- EDWARDS, L. (2012). "Defining the 'Object' of Public Relations Research: A New Starting Point". Public Relations Inquiry. Vol. 1. No. 1, 7-30.

- KOTLER, P y KELLER, L. (2006). Dirección de Marketing. Madrid: Pearson Prentice Hall.

- L´ETANG, J. Y PIECZKA, M. (2006). Public Relations. Critical debates and contemporary practice. Mahwah (New Jersey): Lawrence EarlbaumAssociates, Inc.

---

[8] http://www.madrimasd.org/revista/revista31/tribuna/tribuna2.asp (consultado el 6 de junio de 2017)

- LEDINGHAM, J. A. (2006). "Relationship management: a general theory of public relations". En: L´ETANG, J. Y PIECZKA, M. (2006). Public Relations. Critical debates and contemporary practice. Mahwah (New Jersey): Lawrence EarlbaumAssociates, Inc.

- LEDINGHAM, J. A. y BRUNING, S. D. (1998). "Relationship management in public relations: dimensions of an organization-public relationship". Public Relations Review, Vol. 24, No. 1.

- MCKERNAN, J. (2001). Investigación-acción y curriculum. Métodos y recursos para profesionales reflexivos. Madrid: Ediciones Morata.

- NOGUERO, A. (1995). La función social de las relaciones públicas: historia, teoría y marco legal. Barcelona: ESRP.

- PULIDO, M. (2015). "Ceremonial y protocolo: métodos y técnicas de investigación científica". Opción, Año 31, No. Especial 1, 1137-1156.

- PULIDO, M. (2016). Manual de organización de actos oficiales y empresariales. Madrid: Síntesis.

- REINARES, P. Y PAREDES, M. (2003). "Relaciones públicas". En: BIGNÉ, E. (Coord.) Promoción comercial. Madrid: ESIC.

- RODRÍGUEZ RUIZ, O. (2005). "La triangulación como estrategia de investigación en Ciencias Sociales" [Internet]. La i+d que tenemos. [Fecha de consulta: 06/06/17]. <http://www.madrimasd.org/revista/revista31/tribuna/tribuna2.asp>

- WALTZ, C. F., LEA STRICKLAND, O., LENZ, E.R. (2010). Measurement in Nursing and Health Research. New York: Springer publishing company.

*Este libro se terminó de elaborar
en septiembre de 2017
en la ciudad de Sevilla,
bajo los cuidados de
Francisco Anaya Benítez,
Director de Egregius Ediciones.*